快读青海丛书

# 尊道贵德·大河关

罗子云 编著

青海人民出版

图书在版编目（CIP）数据

尊道贵德·大河关 / 罗子云编著. -- 西宁：青海人民出版社，2016.6
（快读青海丛书）
ISBN 978-7-225-05142-0

Ⅰ.①尊… Ⅱ.①罗… Ⅲ.①地方文化—介绍—贵德县 Ⅳ.① G127.444

中国版本图书馆 CIP 数据核字 (2016) 第 131708 号

快读青海丛书

尊道贵德·大河关

罗子云　编著

出 版 人　樊原成
出版发行　青海人民出版社有限责任公司
西宁市同仁路 10 号　邮政编码：810001 电话：（0971）6143426（总编室）
发行热线　（0971）6143516 / 6137731
印　　刷　陕西龙山海天艺术印务有限公司
经　　销　新华书店
开　　本　889mm × 1194 mm 1/32
印　　张　6.5
字　　数　150 千
版　　次　2016 年 9 月第 1 版　2016 年 9 月第 1 次印刷
书　　号　ISBN 978-7-225-05142-0
定　　价　30.00 元

# 序言

王文泸

贵德的历史文化是一棵大树。老柯横斜，新枝蓬勃。远看则浓荫翳蔽，近观则光影参差。若非出于专业研究，旦夕之间难以尽览。“快读青海”系列的《尊道贵德·大河关》是这棵大树的缩编版，为读者提供了一扇聚焦贵德的窗口，从中可以大略地认识一个立体化的贵德，因而冠名“快读”。

虽然有昆仑山的支脉西倾山的阻隔，偏处一隅的贵德从来不是被历史遗忘的角落。自汉唐以来，一切以中原内地为重心的政权更迭、军事纷争、文明传播和宗教源流，几乎都在贵德形成共振的涟漪和久远的历史回声。积淀多了，则堆垒起丰富的物质形态和非物质形态，造就了这一方土地独有的社会风貌。比如，城郭、民居，技艺、地名、习俗、掌故等，也形成了具有鲜明地域特征的价值观念、行为方式等等。不用说，也造就了这一方土地上的文化人才以及他们所创造的精神产品。

畜牧文明和农耕文明在这块温暖的黄河谷地交汇并存，与这里的山川形胜一起，闪射出熠熠光彩。

值得注意的是，在这一方远离华夏文化中心、以羌藏文化为大背景、教育资源极为匮乏的黄土高原边缘，在旧时代的外界人看来“诸羌环居，民不读书”的荒蛮之地，中华传统文化的传播不仅没有望而却步，而且得到最大程度的延伸，并牢牢扎根于贵德最富饶的三河地区，结出了令人瞩目的文化果实。而这块地区尚不足全县总面积的十分之一。文化的脐带穿越遥远的地缘距离而给弹丸之地以切实的滋养，这一特殊现象再次印证了中华传统文化的生命力。

在一定意义上，这本书的编著者罗子云先生也是贵德这块土地上结出的文化果实之一，是担纲编撰的合适人选。从纷繁琐碎的资料堆积中剔抉扒梳、审读校勘，分类概括，这需要文化眼光和鉴别能力，更需要热爱家乡、不惮辛劳的奉献精神。子云先生出身贵德望族，博览群书，熟稔本土历史，擅长诗词歌赋，才情满怀，热心参与地方文化建设，又值盛年，于是便顺理成章地担任了此项工作。

当今时代，出版业空前繁荣，出版图书在有些人看来似乎易如反掌。这固然得益于网络时代胶印技术的便利；更由于键盘敲击取代钢笔书写带来的写作速度的飞跃，以至于文字产品的产能严重过剩。方志而外，介绍地域的、行业的，乃至部门的图书汗牛充栋。观其内容，多为事件的铺陈，史料的堆砌，情感的渲染，有时也有虚饰乃至穿凿附会。而恰恰主观的传播期待与客观的回应相去甚远，以致造成阅读负担。在此背景之下，如“快读青海”这般，删繁就简、图文并茂地展示一个地区历史文化中最精粹的内容，反倒可能有长期存在的价值。

所有与今日贵德的物质存在和精神存在有过关系的一切，都不应该被遗弃。都不应该等闲视之。它们在贵德未来的发展中将会显出弥足珍贵的价值。

一卷在手而尽知贵德，不亦乐乎？

2016 年 5 月

# 目录

道生之，德畜之，物形之，势成之。是以万物莫不尊道
而贵德。道之尊，德之贵，夫莫之命而常自然。故道生之，
德畜之。长之育之；成之熟之；养之覆之。生而不有，
为而不恃，长而不宰。是谓玄德。

贵德全景

# 黄河之水天上来

览百川之洪壮兮，莫尚美于黄河。潜昆仑之峻极兮，出积石之嵯峨。登龙门而南游兮，拂华阴于曲阿。凌砥柱而激湍兮，逾洛汭而扬波。体委蛇于后土兮，配灵汉于苍穹。贯中夏之能甸兮，经朔北之遐荒。历二周之北境兮，流三晋之南乡。

黄河之水天上来

领略莽莽昆仑雄峙于苍穹之上的气势与豪情；感悟冰川湖泊星罗棋布，溪流纵横汇集，黄河穿行于雪域高原的雄阔与壮美。那一泻千里、飞浪拍岸的气势，无不给人以势不可挡、惊心动魄的冲击和震撼。站在黄河岸边，西眺烟波浩渺，东观霞光明灭，鸥逐飞艇之际，总会引发“黄河之水天上来，奔流到海不复回”的感慨！如此壮阔的黄河流经贵德，成为贵德的灵魂。

黄河——中华民族的母亲河，哺育了华夏芸芸众生。几千年来，黄河波涛滚滚，犹如一部流动的民族史。黄河，黄土地，黄帝，黄皮肤，这一切黄色表征，把这条流经中华心脏地区的浊流升华为圣河。任何一个炎黄子孙如果有幸溯流而上，体味母亲河的每一段故事、每一缕沧桑和喜悦都可以此生无憾了。

## 黄河赋

（晋）成公绥

览百川之洪壮兮，莫尚美于黄河。潜昆仑之峻极兮，出积石之嵯峨。登龙门而南游兮，拂华阴于曲阿。凌砥柱而激湍兮，逾洛汭而扬波。体委蛇于后土兮，配灵汉于苍穹。贯中夏之能甸兮，经朔北之遐荒。历二周之北境兮，流三晋之南乡。秦自西而启壤兮，齐据东而画疆。殷徙涉而永固兮，卫迁济而遂疆。赵决流而却魏兮，嬴引沟而灭梁。思先哲之攸叹兮，何水德之难量。

黄河发源于青藏高原巴颜喀拉山北麓的约古宗列盆地，流经青海、四川、甘肃、宁夏、内蒙古、陕西、山西、河南、山东 9 个省（自治区），在山东省东营市垦利县注入渤海。黄河干流全长 5464 公里，总流域面积约 79.5 万平方公里。黄河从河源到内蒙古的河口镇为上游，河口镇到郑州附近的桃花峪为中游，桃花峪以下为下游。黄河 97% 的流域面积集中在上中游地区。据地质学家研究，距今 100 多万年的早更新世，黄河流域分布着许多古湖盆，各自形成独立

龙形黄河

的水系。后来，经过长期溯源侵蚀、袭夺，各湖盆逐渐连通，终于形成了横亘于我国北方的万里巨川。据综合分析推断，古老黄河的孕育和诞生，约有150万年的历史。

### 昆仑行

（南宋）陆　游

阴去解驳朝暾红，黄河直与昆仑通。
不驾鸾凤骖虬龙，径蹑香烟上空中。
吾行忽过日月宫，下视积气青濛濛。
寒暑不分昼夜同，嵯峨九关常烈风。
凛然萧森变冲融，不悸不眩身如空。
尘沙浩劫环无穷，讵须更觅安期翁。

黄河源头

黄河干流的主要特点是弯曲多变，素有“九曲黄河”之称。“九”在古代是形容多的意思，表明黄河弯曲很多。黄河自河源至河口有许多大湾，从高空鸟瞰，犹如一个大“几”字形，宛如一头半卧的雄狮，总的流向仍然是自西向东。在这许多河湾中，45° ~ 180° 的大湾有 6 个之多，其中青海境内就有 2 个，即唐克湾和唐乃亥湾。

唐克湾位于黄河上游青海、四川、甘肃三省交界附近。黄河流出河源区后，大体由西北向东南流，再折转西北，构成 180° 大弯，湾顶在四川若尔盖县的唐克镇，故称唐克湾，是黄河第一湾。这里原是个湖盆，称唐克湖，汇集周围山地水流，自成独立水系。至晚更新世，湖盆被拉开，湖水逐渐排干而成为沼泽，发展成为今日的若尔盖草原，这里遍地泥潭沼泽，是当年红军长征时“爬雪山、过草地”所经过的地方，留下了许多壮丽的诗篇。

唐乃亥湾位于青海省东部。黄河流转过第一个大弯后，沿阿尼玛卿山与西倾山谷地继续向西北行，受共和湖及其周围山地影响，逐渐转向东南，构成第二个 180° 的大弯，湾顶在兴海县的唐乃亥，故称唐乃亥湾。这里原是个古湖盆，称共和湖，于早中更新世，湖盆被拉开，水体流向银川湖，逐渐排泄流失，演变为今日的旱台塬地。流经湖盆地区的河道则沿构造线强烈下切，沿程出现许多峡谷，比降陡峻，两岸岩石坚硬，是建造水坝的优良位置，已建成的有龙羊峡水电站、拉西瓦水电站和李家峡水电站等。

唐克湾和唐乃亥湾是黄河流域“九曲”之中水质最好，景色最为壮观的峡谷。黄河流出青海境后，依次蜿蜒穿行于兰州湾、河套湾、潼关湾、兰考湾等。中原以下流域，水土流失严重，河水逐渐变浑，源自雪域冰川，清澈见底的“天河”，终于变成名副其实的“黄河”。再往下游，黄河屡经改道，积沙成塬，或造福农耕，或涂炭生灵，黄河的功过是非难成定论。但无论怎样，黄河流域无疑是中华民族的摇篮，我国古代文明的发祥地。早在 100 万年前，“蓝田人”就在黄河流域

黄河源头星宿海

栖息生活，比“北京人”还早十几万年。古文化遗址遍布大河上下，不仅数量多、类型全、总体水平高，而且是延续发展的，由远到近系统地展现了中国历史童年的发展过程。流域内众多的氏族部落经过不断进化、繁衍、融合，形成中华民族，并在4000多年前建立了我国第一个奴隶制国家——夏王朝，黄河因此被称为中华民族的“母亲河”。北宋以前，历代王朝几乎都在黄河流域建都，我国历史上的“七大古都”中，有安阳、西安、洛阳、开封四座古都在黄河流域。按传统朝代计算，在黄河流域建都的时间长达3300多年，很长一段历史时期，黄河流域一直是我国政治、经济、文化的中心。

贵德位于黄河“九曲”之第二曲险要地带。无论从地理学，风水学，还是从文化学角度看，贵德地区确实是一片天造地设的风水宝地。

江源纪念碑

## 浪淘沙

（唐）刘禹锡

九曲黄河万里沙，浪淘风簸自天涯。

如今直上银河去，同到牵牛织女家。

黄河源自青海，而入海口位于山东。山东以“一河一山一人”著称于世，“一河”当然是指黄河，“一山”指泰山，“一人”指孔子。这三者相互映衬，支撑起了山东的气脉、人脉和文脉。当年孔老夫子“登东山而小鲁，登泰山而小天下”，其坦荡之胸襟令人折服。泰山的海拔高度是 1545 米，而位于黄河源头的玛多县平均海拔是 4200 米，青海的平均海拔都在 3000 米以上。中国最伟大的浪漫主义诗人李白能发出“黄河之水天上来”的感慨，这绝非是酒后癫狂之言，实在是前无古人，后无来者的绝唱。

在古人的心目中，像黄河这样伟大的河流，出处一定非同凡响。中国历代文献中对黄河源头都留下了各类记载。最早记录黄河源头的是中国古代充满传奇色彩的《山海经》，其中留下了“河出昆仑”的记载。汉唐时期，中原文化曾波及河源地区，也留下了众多对黄河源头的描述。

第一次对黄河源头的实地考察始于元代至元十七年（1280 年）。元世祖忽必烈为开发黄河，派人实地考察黄河源头，绘制了《黄河源》图及沿途山川风貌。

江源经幡

翰林大学士潘昂霄据此撰写了《河源志》，其中第一次记载了黄河源从星宿海汇入了扎陵湖和和鄂陵湖，此后关于河源的出处基本沿用了《河源志》中的说法。

黄河源头的三条支流卡日曲、约古宗列曲、扎曲汇集后，因地势平缓，河面骤然变宽，流速随之趋缓，四处流淌的河水，使这里形成大片沼泽和众多湖泊。远远望去，大小湖泊星罗棋布，难以计数，仿佛天上的星宿下凡，星宿海由此得名。由于江源散漫辽阔，湖泊溪流纵横交错，从天空俯瞰江源淙淙溪流，形同孔雀开屏，所以，当地藏族同胞又把这一带称为“玛涌”，意思是巨大的“孔雀滩”，而流经这里的黄河便被称为“玛曲”，意为“孔雀河”。星宿海这种奇特景观正是青藏高原特有的高寒沼泽草甸景观的形象写意。这里的高寒草甸平均海拔在4000~4700米之间，由于气候严寒，地形平缓，冻土层密不透水，使天然降水和地面径流以及冰雪融水不能下渗而聚积于地表，这样就形成水洼处处似繁星闪烁的奇特景观。

江源生态

由于交通不便，人烟稀少，这里成为了野生动物繁衍生息的理想家园。莽原上游荡的兽类，天空中翱翔的鸟类，湖泊中漫游的鱼类，为高原净土注入了勃勃生机。在星宿海碧绿的滩地上生长着50多种高原植物，形成了绿茵如毯的高寒植被。其间各色鲜花点缀，色彩艳丽，因此星宿海一带的草原又被称为“五彩花甸”。

# 江源颂辞

（现代）王文泸

极地多淖，百川滥觞之祖；雪岭泻玉，三江启源之地。峰雄峦伟，势吞八荒星辰；沼洌泽清，天成神州水塔。且也，滔滔者历久，韵壮华夏魂魄；涓涓者行远，绿润吴蜀膏沃。更喜羽族炫翎，蹄类竞骄，榛莽蓊郁，金石蕴秀，泱泱乎天籁自鸣之邦。何期贪欲燎原，乃知净土难存。枪惊鸟梦，长空频啼铩羽之禽；血破羚国，雪野旋开猩红之花。蜂蹿蚁聚，淘尽千里白沙；绿消红殒，煞却昨日风景。十年一瞬，噍类半亡。后羿安在，旱魃逞狂。况乃子孙所仰，惟此造化所贻，伐本斫根，其祸不远。补牢未晚，诚宜早谋；家园初残，犹可再图。理性之光未泯，料应情暖草木；生命之源不竭，还望绿满天涯。

江源母子情

鄂陵湖

扎陵湖

距离黄河源头卡日曲 190 多公里，位于果洛藏族自治州玛多县境内的扎陵湖和和鄂陵湖，是黄河源头两个巨大的高原淡水湖泊。

孕育中的黄河如欢快的马驹，从卡日曲和约古宗列曲出发后，汇集千百条涓涓细流，经星宿海休整和梳理之后，又奔涌而出，一路向东，在巴颜郎玛山和错尔朵则山的盛情挽留下，终于汇聚成河源地区第一个巨大的湖泊——扎陵湖。“扎陵”是蒙古语，意为“灰白色的长湖”。黄河主线由扎陵湖湖心偏南处穿湖而过，如同一条巨龙入海，将整个湖面分成两半，其中一半湖水清澈见底，另一半则微微发白，扎陵湖因此而得名。扎陵湖平均水深 9 米左右，湖水面积达 526 平方公里，蓄水量为 46 亿立方米，其形状东西长，南北窄，如同一只美丽的贝壳缀在黄河这条彩带之上。黄河流过扎陵湖后，在巴颜郎玛西山南面进入一条宽达 300 余米的河谷，河水在河谷中因地形阻隔，分为九股，散乱交叉穿过河谷，汇入鄂陵湖。

河源景色

“鄂陵湖”蒙古语意为“蓝色的长湖”，因水质纯净，碧蓝清澈而得名。鄂陵湖面积 628 平方公里，平均水深 17.6 米，最深处达 30 余米，蓄水量为 107 亿立方米，比扎陵湖多出了一倍有余。整个湖的形状东西窄、南北长，犹如一只巨大的宝葫芦涵养着中华民族的母亲河。

从高处鸟瞰，但见蜿蜒的黄河像一条长长的链条将两个湖泊贯穿在一起，宛如两颗晶莹闪亮的蓝宝石系在九曲黄河的上端，像一对手拉手、肩并肩伫立在黄河源头的姊妹，因而得名“姊妹湖”。

扎陵湖和鄂陵湖地区地处黄河源头，以自然风光独特而闻名于

扎陵湖、鄂陵湖卫星图片

世，而且这一广大区域既是我国西部游牧民族繁衍生息的故地，也是诸多高原生物的乐园。湖区盛产花斑裸鲤（俗称大嘴鱼）等8种鱼类，还有众多珍禽异鸟在此栖息繁衍。每年四五月间，湖面刚刚解冻，绿草萌发时节，数以千万计的天鹅、斑头雁、黑颈鹤、棕头鸥、赤麻鸭、鸬鹚等候鸟，万里迢迢，远渡重洋关山，从我国的南方和东南亚热带地区迁徙到这里产卵育雏。此时，湖面上万鸟竞飞，鸣叫声传至十里开外，宁静了七八个月的湖区顿时热闹异常。

可以说，世界上很难再找出这样一个地方，汇聚了如此众多的名山大川。世界上也很难再找出一条同样的大河，它们的源头竟如此之亲近，可谓血脉相连。而且这里以藏民族为主体的民族文化源远流长、多姿多彩，是人类精神家园不可多得的遗产。

2004年，位于三江源国家级自然保护区核心区的鄂陵湖、扎陵湖湿地，被联合国湿地公约正式批准为国际重要湿地。这标志着我国面积最大、海

文成公主进藏纪念碑

拉萨唐蕃结盟碑

拔最高，也是世界高海拔地区生物多样性最为集中的三江源自然保护区成为全球最具影响力的高原湿地之一。中国政府在湿地保护工作中，许多方面已经走

唐蕃和亲图

在了世界的前列，特别是投资 75 亿元建设以保护高原湿地为主要内容的三江源保护区，将对整个亚洲地区的生态保护产生重大影响。

扎陵湖和鄂陵湖之所以成名，还有一个很重要的原因，那就是曾经发生在这里的重要历史事件——唐蕃和亲。

唐贞观八年(634 年)，吐蕃首次遣使入唐通好。唐王朝于贞观十年（636 年）派使者回访吐蕃。当时，松赞干布对突厥和吐谷浑能与唐朝联姻非常羡慕，所以派使者再次入唐，“奉表求婚”，但被唐太宗婉言谢绝。对于此次求婚失败，松赞干布依据使者的说辞，归咎于吐谷浑从中作梗，并以此为借口，兴兵进攻吐谷浑。接着，又乘胜攻破党项、白兰诸羌，集兵 20 万驻扎于松州（今四川松潘）西境，声称“若大国不嫁公主与我，即当入寇”。唐太宗以侯君集为将，率 4 路大军 5 万人迎战，松赞干布遂罢兵求和，并再次向唐请婚。唐太宗顺水推舟，允许和亲，决定将宗室女文成公主嫁给松赞干布。

唐贞观十四年 (640 年 ) 十月，松赞干布遣大相禄东赞到长安迎亲，次年正月，太宗派礼部尚书、江夏郡王李道宗持节护送文成公主到吐蕃完婚。文成公主的随行人员除携带大批嫁妆外，还带了各种工匠、乐队，还有谷物种子、乐器、药物、经史、诗文、佛经、工艺书籍、绸缎、日用器皿以及释迦牟尼像等。

李道宗和文成公主一行从长安出发，经凤翔、秦州、狄道、河州，自炳灵寺渡黄河入鄯州境内龙支城，再傍湟水西行直达鄯城。然后自鄯城出发，西越赤岭（今青海日月山），进入吐谷浑境内，吐谷浑王奉唐太宗诏令整修沿途道路，

唐蕃古道通衢日月山

布置行宫，隆重接待了文成公主。送亲队伍经休整后又西南行至柏海与早已率领军队和臣僚在此敬候的松赞干布会合。而柏海正是今河源地区扎陵湖和鄂陵湖。

文成公主嫁到吐蕃后，吐蕃派贵族子弟前往唐朝留学，学习诗书等汉儒文化。唐朝的儒士被吐蕃聘请去处理文书，吐蕃还续请唐朝派遣种植、酿酒、造纸、制墨等方面的匠人。文成公主所携带的大批工匠、书籍和物资以及之后唐朝与吐蕃之间的人员往来，极大地促进了内地和青藏地区之间的经济和文化，对藏地生活产生了深远的影响。

继文成公主之后，唐长安四年（704 年），吐蕃赞普再次派使者到长安求盟请婚。唐神龙三年（707 年），唐中宗以雍王李守礼之女为金城公主，许嫁吐蕃赞普墀德祖赞。景龙四年 (710 年) 正月，中宗派左骁卫大将军杨矩为送亲专使，护送金城公主取道青海赴逻些（今拉萨）。唐中宗还亲自送金城公主到始平县，始平县由此改称金城县。此后，金城公主积极运筹，促进唐蕃和平共处，终于促成唐蕃双方在赤岭和拉萨树碑结盟，为民族团结作出了贡献。

### 奉和金城公主适西蕃应制

（唐）张　说

青海和亲日，潢星出降时。

戎王子婿宠，汉国舅家慈。

春野开离宴，云天起愍词。

空弹马上曲，讵减凤楼思。

金城公主和亲后，唐王朝曾将包括现贵德地区在内的黄河以南温润地区以“公主沐浴之地”的名义，作为陪嫁赠给吐蕃。河西扎仓等地温泉众多，富含多种矿物质，是活血舒筋，祛病健身的天赐神泉，其开发历史已达千年之久，在西北地区久负盛名。

唐蕃联姻开创了唐蕃关系史上的新局面，唐朝与吐蕃的汉藏子民从此以舅甥相称，从此双方在政治、经济、文化各方面展开了频繁的交流与沟通。唐蕃联姻是中国历史上的一段佳话，具有重大的历史意义。

## 唐蕃古道行

（现代）紫　云

华夏文明世代传，各族共荣五千年。江河湖海驰龙种，世界屋脊多奇观。贯通天堑开古道，绵延万里云水间。大唐贞观开盛世，联姻良策可安边。倚马常思和亲事，雪域雄主夜不眠。枭雄一朝遂宿愿，偃旗息鼓在松藩。汉女不畏天路险，公主大义出长安。泪别故土辞父老，凤冠霞帔出秦川。凤翔起鸾驾，天水拜羲皇，烟雨迷津辨泾渭，几度回首望陇山。临洮柳絮乱，河州城郭险，晨钟暮鼓炳灵寺，风急浪涌风林关。船过黄河景色异，官亭道上车马喧。怪石惊涛冰峡险，沟壑纵横马不前。遥祭壮侯屯田处，破羌城外寒鸦旋。鄯城遍地西域客，香火缭绕南北山。朝登凤凰台，夜饮麒麟泉，南凉虎台今犹在，魏晋雄风亦相传。驻足寻幽湟水岸，花儿声里闻杜鹃。朝辞湟郡柳烟里，羌胡相送西纳川。茶马边陲开互市，丹城钟鼓朝夕间。苍松翠柏石峡外，遥望石堡一幡悬。界分农牧连羌汉，东西赤岭两重天。回缰始觉家国远，公主抛镜日月山。义无反顾过西海，弱水倒流仙女湾。弘化闻讯久相候，吐浑驻帐莫离川。姊妹离别月圆夜，将士沐浴在温泉。南望羌雁思父老，北思汉武祭天山。离乡万里情不倦，鹰笛三声倚栏干。昆仑山下拜王母，瑶池阁上敬轩辕。车马南渡天河去，惊涛骇浪一线天。赞普迎亲柏海岸，桑烟缭绕人马欢。君臣互致安祥意，甥舅对歌酒亦酣。羌笛汉箫镜湖畔，篝火锅庄不夜天。巴颜喀拉雪意暖，蓝天白云照经幡。晒经石旁祈弘愿，通天河崖凿佛龛。连天雪峰凌霄汉，万水归宗三江源。翻山越岭天路尽，逻些圣城在眼前。布达拉宫五色殿，大昭佛寺八廓环。敬献佛陀等身像，弘扬佛法结善缘。随行工匠传技艺，多送学子赴长安。新君不忘前朝事，赞普铭石昭陵前。会盟碑旁公主柳，藏汉联姻千古传。从此古道变通途，文化交流愈频繁。君不见，河源九曲绕赤岭，日月双亭映彩幡。公主庙宇香火旺，古道旧貌换新颜。雪原卧铁龙，碧空开航线，通达欧亚等闲看，万里关山一日还。君不闻，唐蕃古道传佳话，民族团结谱新篇。天翻地覆赞盛世，沧桑正道在人寰。再摇生花笔，重赋古道篇。流芳千古成绝唱，天路万里共婵娟。

玉树文成公主庙

# 天下黄河贵德清

河出巴颜喀拉山之阴，积微末为大渎，蛇行龙伏而近贵德。乍逢高坝雄峙，沉泥落沙；忽作清流曼回，襟抱关山。碧水映空，乃使流云凝睇，几忘黄河之浊在天下；逮至衢骤畅，朝发夕至，复使天下人皆讶黄河之清在贵德。

位于黄河上游的贵德县，倍受黄河母亲的滋润。

黄河自巴颜喀拉山发源之后，汇集万千溪流，贯穿九曲之地，以势不可挡的气势从龙羊峡谷奔涌而出。桀骜不驯的黄河进入贵德盆地后，却显露出温婉多情的姿态，展现出另外一番碧水蓝天，清丽迷人的景致。造物主慷慨地将江南水乡的灵气与秀色，赋予这江河源头的祥瑞之地，在这里营造出一片钟灵毓秀之地。

贵德上游黄河峡谷

贵德是青藏高原东部的瑰丽一角，人杰地灵的贵德，宛如一位柔情似水的纤纤女子，在青藏高原雄浑苍凉的大山群中，以她醒目的妩媚和秀丽而格外惹人怜爱。有人曾说过，美丽的贵德是上天有意从烟雨江南移来的一块土地。秉承上天的这一份眷顾与厚爱，才使得贵德有了一份令人不可思议的、完全不同于高原风貌的润泽与丰美，也才有了“高原江南、瓜果之乡”的美誉。

贵德县位于青海省东部，隶属海南藏族自治州，地处黄河上游龙羊峡与李家峡之间。这里属于中国西部黄土高原和青藏高原的过渡地带，是中原农耕文化和草原畜牧文化的交汇点。在这 3700 平方公里的土地上，藏、汉、回、土、蒙、撒拉等 14 个民族 10 余万民众和睦相处，繁衍生息。绵延起伏的绿色长廊，星罗棋布的湖泊沼泽，使这里成为享誉西北的“天然氧吧”。

贵德境内川清水秀，林木葱郁；风光旖旎，人文蔚然。黄河贯流境内，清澈如镜，宛如一条翡翠玉带轻盈地缠绕在贵德山川之间，无不体现出中华“母亲河”的柔美与慈祥。2000 年 7 月 24 日，时任国务院副总理的钱其琛在贵德视察时，见到碧水清澈的黄河水，欣然挥笔，题下了“天下黄河贵德清”七个大字，涵盖了贵德境内黄河风光的精粹，也让贵德声名远播。

贵德籍著名学者王文泸曾用充满激情的笔调诠释过“天下黄河贵德清”的内涵及对黄河文明的忧患意识。

## 天下黄河贵德清

（现代）王文泸

河出巴颜喀拉山之阴，积微末为大渎，蛇行龙伏而近贵德。乍逢高坝雄峙，沉泥落沙；忽作清流曼回，襟抱关山。碧水映空，乃使流云凝睇，几忘黄河之浊在天下；逮至通衢骤畅，朝发夕至，复使天下人皆讶黄河之清在贵德。

天下苦黄河之浊久矣，望黄河之清甚矣。然则岂惟造化无情，亦且人寰有孽。天下皆知取之为取，而莫知与之为取，焉可无虞也。

视黄河为我母，爱之，惜之，厚养之，则黄河之膏泽，可永世而享；若视黄河为奴仆，慢之，薄之，虐损之，则黄河之弱羸，不待龙门之鲤肥而立至，遑论清浊？

使天下黄河皆清，不惟贵德独清，非仁者之心欤？仁者之心，亦贵德之心也。

天下黄河贵德清

造物主格外钟情于贵德这块福地。远古时期的贵德地区就是一块气候湿润，环境优美，适宜古生物繁衍生息的乐土。夏、商、周时期这里为西羌故地，自西汉王朝在今贵德地区设置河关县，这里便成为古丝绸之路青海道的驿站，羌汉文化融会贯通的枢纽。此后的贵德曾先后被羌、吐谷浑、吐蕃、蒙古与中原王朝交替控制，形成多元文化各显其能，古今风貌相得益彰的局面。唐代的贵德，是唐蕃贵族休养沐浴的首选之地。宋代的贵德，是安多藏族形成的中心区域。自元代设置贵德州，贵德一名沿用至今已有近八百年的历史。明清以后的贵德，作为中原王朝在河源地区的军事重镇，声名显赫，享誉史册。近代以来，贵德作为青南门户，黄河通衢，优越的地理位置和温润的气候条件，让贵德散发出历久弥新的光彩。

黄河少女雕像

水车广场位于贵德县黄河南岸滨河路畔，水车为直径20米的木质结构，伴以假山、木桥、栈道。黄河水车以古朴典雅的造型，在见证了贵德悠久的开发历史，昭示光辉灿烂的黄河文化的同时，强调与自然环境的有机融合，与蓝天、碧水、丹山勾画出了一幅动人的黄河风光，成为贵德旅游的一颗璀璨的明珠。为了凸显黄河文化旅游节的文化内涵，在广场上又新建了名为《黄河少女》的雕塑，展示母亲河少女时代的丰姿。

虎头崖大禹治水雕塑广场，位于贵德黄河新大桥以北的黄河岸边，建成于2007年4月，这是贵德县弘扬黄河文化的又一亮丽景点。《尚书·禹贡》记载，大禹治水“导河自积石，至龙门，入于沧海”，

大禹治水雕塑广场

清代梁份在《秦边记略》中说“盖黄河入中国，始于河州，禹之导河积石是也。”可见大禹导河治水的区域在黄河上游，贵德黄河段峡谷众多，文化发达，是黄河文化的重要衍生地。

## 大禹治水纪念碑碑文

大禹治水，自古家喻户晓。而大禹治水，自昆仑始，则鲜为人知。据《尚书·禹贡》《山海经》《禹本纪》《水经注》等典籍记载，河出昆仑，潜发重源，禹导河通之。斯悉稽古之世，尧、舜之时，洪水泛滥，凌受风雨之苦。舜时鲧治水，鲧围堵无方，水患益甚，舜惩之，而用其子。大禹临危受命，承志而改汰，以鲧失引为鉴戒。涉山川，察水势，蹬昆仑，溯源头，病之跛行，沐雨栉风年久，劈开昆仑，东脉积石山而成峡焉。笔立如削，陡峭险峻，黄河自中流泻，惊涛如雷，山鸣谷应，于高峡深谷奔突腾跃，五十七里而下。出孟达，越皋兰，北上阴山，禹继而疏九曲，凿龙门，千回百折，劈山导河，历十三载之劳苦，乃告成。于是黄河浩荡之下，经万里而人海，流域达七十五万平方公里。入河套，溯中原，哺育华夏儿女，生生不息，雄立于世，至今逾五千年之文明，维载禹域九州，一脉承袭，绵延不绝。状哉黄河，真乃中华民族之母亲河是也，禹之圣功，万代感铭。

生态农业

至若贵德，乃黄河上游第一宜农县治。初为洪泽，禹圣劈积石峡，导水东流，黄河归道，两岸遂成林莽，草木榛榛，鹿豕狉狉。高原先民即在此繁衍生息，一脉兹始，源远流长。汉宣帝神爵二年置河关县，为建置之初，史称积石导河。隋置河源郡积石镇，唐、宋、金、元置积石军，积石州。明称归德，以德为贵，遂定名贵德。清置贵德厅，民初设贵德县，治所皆驻河阴，相沿迄今。黄河横贯县境，滋润穑稼，自古为河湟丰裕之地也。河川锦绣，缀翠镶珠，丹霞奇瑰，积石雄壮，梨花春雨，瓜果秋硕，物阜民安，宛若桃源。禹圣为民造福之心志宏愿，于贵德已落地成真。天下黄河贵德清，高原小江南，名扬遐迩，感怀禹迹，德泽万世。瑾雕塑树碑，书铭永志。

长安左良撰 海盐朱乃正书

公元2006年丙戌秋立

1986年10月至1987年2月，龙羊峡水电站黄河截流蓄水期间，贵德县全民动员，实施了声势浩大的围黄修堤造田工程。人工黄河大堤的建成，展现了贵德各族人民众志成城的丰功伟绩，也造就了千姿湖美丽的家园。

贵德境内千姿湖

## 碧波丹霞

（现代）紫　云

莫叹梨乡素色寒，且携诗酒钓芦湾。

只凭云外一声雁，尽教丹霞落客船。

千姿湖目前是黄河上游最大的人工湿地。湿地内田畴纵横，林网如织，鸟语花香，鱼塘如镜。湖水清澈碧蓝，周围景物倒映水中随波微动，湖光山色交相掩映，构成了一幅壮美的风光和绚丽的景色。近年来，千姿湖旅游度假区以卓尔不群的风姿吸引着八方游客的雅兴。游客到此可踏青度假，还可到鱼塘携杆垂钓，尽情领略青海小江南的山光水色。

## 贵德县治黄造田工程建设碑记（节选）

滔滔黄河，滚滚东流，穿龙羊峡，入贵德境，出松巴峡，流程七十六点八公里。

贵德黄河清大桥

千百年来，这片丰裕的土地恩泽养育了两岸各族人民。但是，黄河流经尼那滩至阿世贡三十四公里流域内，河道宽浅，流速平缓，河床游移不定，分叉散乱，沙洲广布其间。每遇洪峰，毁岸断道，吞噬良田，贻害黎民。故通过工程措施，束管河床，治乱归顺，开发农田，消弭河患是几代贵德人梦寐以求的祈愿。

……

贵德县治黄造田工程集治河、防洪、灌溉、治涝为一体，其耗资之巨，工程规模之大，投入机械及劳力之多，堪称贵德水利建设之最。更是黄河上游青海流域段对河道综合开发，兴利弭患的一项壮举。兹爰记工程建设之始末，刊石以铭，谨志全县各族人民团结奋斗，携手共创之不朽伟业。

贵德黄河一角

贵德黄河渡口的历史相当久远，可追溯到东汉时期。据《后汉书·邓训传》记载，东汉章帝章和二年（88 年），张掖太守邓训出使河湟，接任护羌校尉，兵发河南，命兵士“缝革为船，置于箅上，以渡河”。东汉和帝永元五年（93 年），护羌校尉贯友出兵大小榆谷，“遂夹逢留大河筑城坞，作大航，造河桥，以击迷唐”。南北朝时期，吐谷浑在贵德黄河境内多处造桥，称作“河厉桥”“握桥”等。乾隆四年（1739 年），西宁道佥事杨应琚设官船两只，每船配水手八名，设置滴水崖渡口。1934 年，贺尔加渡口处修建了浮桥。1978 年 5 月，贵德县黄河大桥建成。1986 年围黄建堤期间，贵德县不失时机地在阴镇城北村约半公里处建造了长 250 米、宽 2.5 米的铁索吊桥。2007 年，在原虎头崖渡口段黄河上修建起了现代化的钢架桥梁，2013 年，又在贵德下游松巴峡上口，修建了一座现代化的公路桥梁，使得西宁至青南、黄南的交通条件更为通畅便捷。

位于贵德境内的拉西瓦峡谷全长 6 公里，两岸山体挺拔雄奇，蔚为壮观。拉西瓦峡是黄河上游最大的梯级电站开发段，也是黄河流域水力资源最佳的地段之一，目前国家正在开发建设的拉西瓦水电站，总装机容量为 372 万千瓦，是黄河上游仅次于葛洲坝的我国第二大水利枢纽。黄河上游的水电站珠联璧合，造福于民，是取之不尽的清洁能源。

丹霞地质公园

松巴村位于贵德县东北部黄河峡谷地带，此前由于交通闭塞，鲜为人知，堪称世外桃源。近年来得以开发，已成为贵德黄河旅游圈中的明珠。此处既是贵德县域海拔最低点，也是黄河流出海南州的地方，更是贵德新八景“石峡飞瀑”的所在地。虽然李家峡水电站的修建使得当地自然景观发生变化，但为黄河航运提供了优越的条件，使得此处与下游李家峡库区、尖扎县坎布拉景区珠联璧合，形成新的旅游线路。

贵德籍学者赵辉先生撰写的《松巴村记略》曰：

松巴古村地处贵德东北山坳，山峙水横，偏居一隅。庄户据守松巴峡关隘，丹霞簇拥，藏风聚气，生机万象。初遇乡民，眼眸澄澈，对答言辞藏汉均宜；接人待物，老少男女皆亲和自然。百户人家坐拥千亩良田，万株桃梨，或耕或牧，安居乐业。始临此地，无不叹异为当世袖珍型香格里拉。待朝晖初显，驱驰舟车，莅临峡口，但见阡陌铺陈，杏黄柳绿，古木参天，禅泉浮莲。至夕阳斑斓，牛羊归圈，炊烟静岚，竟无以言表此间之微妙恬畅，唯心旷神怡矣！

松巴藏寨，风俗尚古，朝闻鸡啼，夜览星空。晨曦洒照，田黄畦翠，纤虫颤鸣。随斗转星移，叶染霜落。坐看云卷云舒，峰峦静穆，烟林清旷。近旁山谷野溪，间或回转牧女天籁之音，直叫人浑然忘世！村户生活恬淡简约，春耕夏灌，秋收冬藏。今凭借地方政府打造高原民俗旅游村寨之契机，农耕生活体验及乡村休闲调养服务已悄然兴起。出村十里即可通行“西久”国道，“三河”城关须臾可至，距省会西宁仅需一小时之车程。描摹之余，唯有相邀。诚望远方或疲惫或健步之游子，结伴探足，叩门食宿，调理身心，定可吐故纳真，回归本源。松巴人家自当熬茶蒸酒，款款恭迎。

碑文背面是贵德县著名书法家乜俊德先生榜书“锦屏修禅”四个大字——说的是四周莲花山就像七彩屏风一般围拢着松巴村，此处适宜人们修身养性参禅悟道。这位多次荣获全国书画金奖的耄耋老人的墨宝为松巴景区增色不少。

黄河是贵德的生命线，它用巧妙的思维将众多的人文景观珠联璧合，呈现给世人。黄河似一条翡翠玉带轻盈地缠绕在山川之间，濡染出两岸如诗如画的

美景。它舒缓的碧波动人心魄，荡漾着母亲河的慈爱和宽厚，滋养着两岸人民安宁而殷实的生活。

松巴早春

# 历史风云贯古今

贵德这块羌戎故地，曾是江河源文化的发祥地之一，也是黄河上游最早开创农耕文化的地区。境内积淀深厚的史前古文化遗址，见证了境域内万年古海桑田的演变。昆仑神话、马家窑文化，齐家文化，卡约文化等远古文明，曾孕育过这片丰厚的文化土壤。

贵德博物馆

贵德境内，众多的名胜古迹，独特的民族风情，以及深厚的文化底蕴，深深地吸引着众多的省内外游客亲临其境，一睹芳容。贵德这块羌戎故地，曾是江河源文化的发祥地之一，也是黄河上游最早开创农耕文化的地区。境内积淀深厚的史前古文化遗址，见证了境域内万年古海桑田的演变。昆仑神话、马家窑文化，齐家文化，卡约文化等远古文明，曾孕育过这片丰

贵德博物馆藏品

厚的文化土壤。五千年前，华夏文明萌芽的前夜，这里就已经飘荡着陶鼓羌笛悠扬的神韵。

20 世纪 70 年代，出土于黄河北岸河西镇吾路口的猛犸象等古生物化石，见证了远古时期贵德曾是一块气候湿润，环境优美，适宜古生物繁衍生息的乐园。

吉祥神兽

经考古发现的境内 500 多处马家窑文化、卡约文化、唐汪文化等史前文明遗址足以验证，早在新石器时代，贵德黄河流域两岸及其支流河谷台地上，就有人类的先祖在繁衍生息。现代考古工作者在贵德境内的发现使我们对远古人类在贵德的活动有了更多的了解。贵德境内已发现的远古文化遗址中，十余处被列为省级保护单位。这些遗址分别属于新石器时代的马家窑文化，铜石并用时期的齐家文化和羌人土著文化卡约文化。考古学研究表明，马家窑文化大约起自公元前 3800 年至公元前 2000 年，那时人类的先祖已经过着定居生活，从事着农业生产和狩

秦汉风韵

猎活动，制陶业发达，是彩陶艺术鼎盛时期。民国十二年（1923 年），在属于马家窑文化的贵德罗汉堂贵遗址中发现了制陶室一处，出土了彩陶、双孔石刀、石斧等工具。1981 年在贵德河西乡山坪台村挖掘的 90 座卡约文化墓葬中，出土了石器、骨器、陶器等文物 600 余件。其中发现的一枚骨针长 2.7 厘米，直径仅 1

毫米，针眼 0.5 毫米，工艺之精，令人叹为观止。

贵德在夏、商、周时代为西羌故地。在两千多年前的秦汉时期，中原农耕文化的种子，就已点点滴滴地渗入这片广袤而肥沃的土地。西汉宣帝神爵二年，即公元前 60 年，西汉王朝在今贵德地区设置河关县，这是贵德地区纳入中原郡县体制的最早记载，从此以

公主沐浴之地

后，这里成为古丝绸之路青海道的驿站，羌汉文化融会贯通的枢纽，那悠扬的驼铃声似乎依旧在历史的记忆中回响。此后的贵德曾被羌、吐谷浑、吐蕃、蒙古、中原交替控制。东晋时期，后凉，北凉，南凉，西秦等政权均在贵德黄河南部置浇河郡。

这里曾是吐谷浑王朝的兴盛之地古沙洲。东晋安帝义熙十四年（418年），吐谷浑王阿豺占据浇河郡，并筑浇河城，此地遂成为吐谷浑的政治中心。南朝刘宋政权曾封吐谷浑阿豺王为安西将军、沙州刺史、浇河公等爵号。据史料记载，当时的浇河郡（贵德）是吐谷浑继洮泯流域之后的第二个兴盛之地，是吐谷浑四大戎之一。吐谷浑王朝正是在这里养精蓄锐之后西渡黄河，进入环青海湖地区，进而在青海立国350

多年。吐谷浑阿豺王“折箭遗教”的典故，或许就发生在贵德这片神奇的土地上。这个典故蕴含的团结和谐的理念已经深深地烙印在华夏儿女的心中。

阿豺有子二十人。阿豺谓曰：“汝等各奉吾一支箭，折之地下。”俄而命母弟慕利延曰：“汝取一支箭折之。”慕利延折之。又曰：“汝取十九只箭折之。”延不能折。阿豺曰：“汝曹知否？单者易折，众则难摧。戮力一心，然后社稷可固。”

《魏书·吐谷浑传》

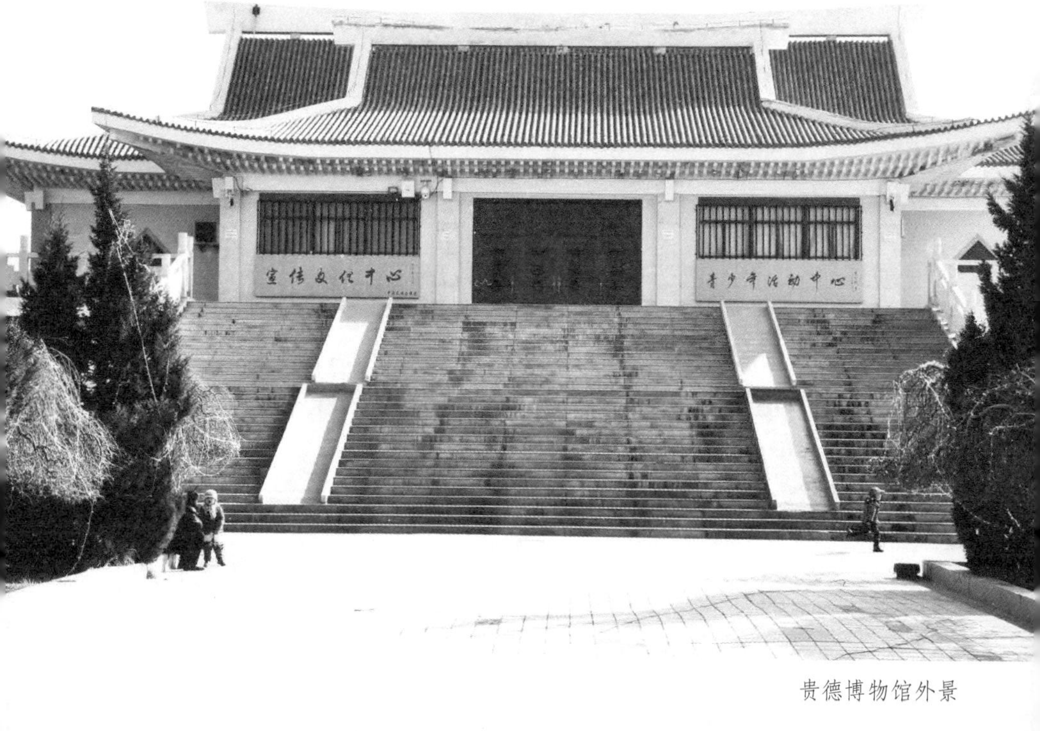


贵德博物馆外景

藏汉和谐

吐谷浑开辟的丝绸之路河南道，以沙州为中心，经浇河郡（贵德）渡黄河通达四方。东沿黄河而下可达河州；南经龙涸（四川松潘）、成都达建康（南京）；西渡黄河经柴达木可通西域；北越祁连山，可经张掖进入河西走廊丝绸之路主干道。

蒙古崛起后，成吉思汗对西夏用兵，1227 年攻占西夏积石州。元至元初，将其地设为贵德州，取“以德为贵”之意，这是“贵德”域名的由来。自元代设置贵德州，贵德一名沿用至今已有许多年的历史。贵德州初隶属于吐蕃等处宣慰使司都元帅府；至元十七年（1280 年），招讨使都实等人途经贵德，探访黄河源头；至元二十三年（1286 年）归陕西行省河州路管辖。

明王朝建立后，为了巩固新生政权，在西垂边地开拓疆域，设立卫所，以屯兵移民为首要国策。明洪武十三年（1380 年）归德城筑成，设归德所，隶属河州卫（明代归德辖区包括现贵德、贵南、同德、尖扎、同仁等地区）。随后移河州军民 48 户，免其赋税，责令守城。随后，在归德辖区先后建十大军屯，形成掎角之势。其中现贵德地区有王屯、刘屯、周屯，现尖扎地区有康屯、杨屯、李屯，现同仁地区有脱屯（保安堡）、吴屯、季屯（郭麻日城）、李屯（年都乎城）。归德卫城及十个屯兵寨堡，星罗棋布，形成防御链条，稳固了黄河上游地区的防御。时过境迁，如今这些屯堡的地名以及河州民俗方言等依旧被保留了下来。身临其境，回顾昔日金戈铁马的岁月，无不令人心生感慨。

清雍正四年（1726 年），归德改隶临洮府，乾隆三年（1738 年），改隶西宁府，乾隆二十六年（1761 年）复改归德为贵德。乾隆五十七年（1792 年）设贵德厅。雍正初年，青海蒙古罗卜藏丹津争汗位未遂起兵反清，青海部分藏族亦起兵响应，四川

新时代文化广场

提督岳钟琪驻军贵德，平定现贵德、共和一带的郭密等藏族部落。

清康熙十六年（1677 年）设归德所学府。乾隆十二年（1747 年）西宁道佥事杨应琚等人又创立义学数处，儒学得到传播。乾隆五十一年（1786 年），由贵德县丞章熙永创建的河阴书院，促进了当地文化发展。参加科举考试并取得功名的人日渐增多，清光绪年间，贵德人吴钧考取进士，韩树义、韩博父子同年中举，一时传为美谈。

民国时期，贵德作为青南门户，商业发达。同时，这里成为西北地区著名的养马基地，抗战时期，贵德军牧场曾为抗日前线输送过大量战马，为取得抗日战争的最后胜利作出了贡献。修建于民国年间的黄河浮桥，将青南地区和河湟地区联结在一起，为贵德地区的经济繁荣和民众生活带来了很大的便利。

## 贵德浮桥

（近代）石蓉九

济生全仗十只船，拍案洪波水接天。

南北风云重际会，纲维只需一绳牵。

鸭头成阵障中流，不润苍茫水国秋。

浊流倒排山海去，好偕天地共沉浮。

黄河浮桥　（王精业　摄）

近代史上贵德疆域多变。1935 年划贵德南部置同德县；1952 年划贵德东部置尖扎县；1953 年划贵德南部置贵南县。自 1949 年 9 月 18 日贵德解放，同日贵德县人民政府、中共贵德县委成立。1953 年贵德成为新成立的青海省海南藏族自治州辖县。贵德的历史翻开了崭新的一页。

**多丽 · 河阴怀古**

（近代）张荫西

大河横，飞奔壮落昆仑。看浩浩、一泻千里，首惊天外孤城。凭浊流、逢留灭渡，览遗迹、榆谷烟冥。雪岭光寒，硫泉气沸，炎凉莫漫道人情。慨东晋，吐浑久据，只剩寒山青。弭边衅，屯田汉策，编户兵耕。最堪叹千年鼙鼓，英雄百战经营。茄鼓歇、斜阳腐草，文物渺、渔火零星。玉台新韵，铜琶壮语，旃裘只晓赏流莺，谬相传、征西古墓，野月伴凄情。屈指数，春华秋露，一局棋枰。

解放以后，贵德县的国民经济和民生事业得到迅速的恢复和发展，尤其是粮食种植领域曾有过辉煌的业绩。屡破全国春小麦亩产纪录的大史家村一度成为全省农业战线的典范，村民史春奎成为当地家喻户晓的人物。贵德籍知名学者胡跃岗（著有散文集《我的村庄》）曾专门撰文为史春奎立传。史春奎，1925 年出生于现贵德县河阴镇大史家村。1951 年春，他积极响应政府“组织起来，生产自救”的号召，组织成立了贵德县第一个生产互助组，率先推广春小麦条播技术和良种拌粪技术，当年即创下春小麦平均亩产 336.25 公斤的全国高产纪录。1952 年 3 月，他被评为全国爱国丰产模范，荣获中央人民政府颁发的奖章一枚。青海省人民政府除了颁发奖章、奖状以外，还奖励他人民币 500 元，骡子一头，双轮双铧犁一部。他所组建的互助组被评为爱国丰产模范互助组。在庆功会上，史春奎披红挂彩，在鼓乐声中，由时任县委书记李熙波和县长高凤岐亲自扶上骏马，并亲手左右牵马绕城一周以示荣耀，此事至今犹是父老乡亲们津津乐道的话题。史春奎此后屡获殊荣，声名远播，至晚年时犹以县政协委员身份指导全县农业生产。史春奎之后，大史家村又涌现出郭定元、刘才成这样的全国劳模，大史家村始终为全县乃至全省农业战线的一面旗帜。时过境迁，如今的大史家村，与时俱进，蓬勃发展的乡镇企业让村民们获益良多，并已成为全县生态农业和观光农业的示范村，成为贵德县生态立县的先行区。

大史家村委会外景

# 佛光塔影普照地

贵德宗教文化，在青海乃至青藏高原都具有代表性。其源流主要是原生文化方式下的本土信仰和宗教文化性遗留，与移民文化背景下域外宗教文化的传播，各族群之间由于地缘性接触与交往关系，两者在同一文化空间下，经历漫长的互动，各族群众以信仰为纽带，逐渐融合，各宗教信仰之间相互吸收借鉴，完成本土化过程，是贵德乃至青藏地区宗教信仰的基本规律。

白塔辉映

博大精深的宗教文化艺术表现了古代劳动人民丰富的想象力和非凡的创造力。一部宗教文化史，往往是一个民族生存发展历史的缩影，所以宗教文化是民族历史文化遗产中极其重要的内容。宗教旅游是世界旅游市场中的一个重要组成部分。

青海地处三江源头，自古以来，各种文化形态在这片高原净土上互通交融，最终形成了多姿多彩的民族文化，而宗教文化成为其中最为光彩夺目的亮点和灵魂。遍布全省 72 万平方公里土地上的 2000 多处宗教建筑，是几千年来青海历史演变中遗留下来的活化石，从中我们可以领悟到无穷无尽的哲理和丰富多彩的人文信息。青海的许多寺院，既是各民族信教群众的宗教活动场所，又是中外游客的旅游胜地。那里洋溢着的神秘、和谐的宗教文化氛围，在高原特有的自然景观中增添了几多情趣，几缕深思。

佛教在青藏高原长期传播的过程中打上了浓厚的藏族文化的印记，然后又向其他民族地区传播，这一佛教流派，被称之为“藏传佛教”。藏传佛教于公元七八世纪随着吐蕃势力的东进，逐渐传入青海地区。公元九世纪中叶，由于吐蕃赞普达磨在西藏地区全面禁佛，致使部分西藏僧人逃到青海，藏传佛教全面传入青海地区，使青海地区成为藏传佛教后弘期的主要发祥地之一。宋元时期，在各种政治势力的支持下，藏传佛教在青海得到进一步的传播和发展。明清以来，随着格鲁派的创立和兴起，许多寺院相继改宗，并建立了一些新寺院。

汉传佛教在青海的传播历史久远，早在十六国时期就有僧人在西宁等地活动，唐代也有不少汉地僧人在河湟一带活动，藏传佛教后弘期，也有不少汉僧参与其中。但贵德地区由于藏传佛教的影响较大，所以大量的汉族也信奉藏传佛教，因而汉传佛教影响力有限。

泽被苍生

深山佛光

佛容慈祥

佛教神器

道教是中国土生土长的宗教文化，“三清”是道教的主神。汉代老子的《道德经》、庄子的《逍遥游》等名篇成为道教的理论基础。《易经》是中国先秦时代的哲学著作，曾对道教产生深远影响。道教在青海传播历史悠久，遗存众多。20 世纪 60 年代，被发电厂占用的清代老祖庙（供奉老子）、贵德玉皇阁（万寿观）、贵德南乡三清观和吕祖殿等，都是贵德地区著名的道教宫观。道教也衍生出其他神祇的庙宇，据不完全统计，历史上贵德地区曾有十余座文昌庙，文昌是道教中主管文运之神。此处还有城隍庙、关帝庙、二郎庙、龙王庙及财神、土地、天官、福禄寿观都属道教神系。贵德地区的道教文化，随着明代早期贵德古城的修筑和大量汉族的迁入而逐渐传播

玉皇大帝

开来。

伊斯兰教在青海的传播中留下寺院遗存的是在元、明、清三个时代。这是因为这三代封建王朝成就了中国境内大一统的局面，各民族间的文化交流日益频繁，崇信伊斯兰教的两大世居民族，即回族和撒拉族的先民，早在元代就已陆续迁移到青海定居并繁衍生息。明代中期，河州地区的回族开始到贵德地区经商，出于宗教信仰的需求，伊斯兰教随之传入，清末民初时，在马麒地方政权的扶持下，形成较大规模。

基督教于清代中后期传入青海，解放前全省有近 20 座教堂。贵德基督教堂是藏区为数不多的基督教活动场所。

儒家文化在青海地区的传播可谓几经兴衰。自汉代第一次民族迁徙开始，儒家文化便在青海扎下了根，影响着一代又一代迁徙至此的汉族后裔，其他民族也在潜移默化中感悟了汉文化的博大精深。明代是中原汉文化向西北全面普及的鼎盛时期，许多农业区都兴建了文庙、儒学、文峰碑等建筑，从此以后青海地区也有不少文人学士金榜题名，甚至在贵德出现过“父子同科”的趣闻轶事。

纵观青海地区的宗教文化，在各个旅游圈内均有不同数量的分布。这些宗教文化景观，同各地自然景观与民俗文化相映成趣，极大地提升了各地旅游文化的内涵，成为各地旅游资源中最为精彩的景观。

贵德宗教文化，在青海乃至青藏高原都具有代表性。其源流主要是原生文化方式下的本土信仰和宗教文化性遗留，与移民文化背景下域外宗教文化的传播，各族群之间由于地缘性接触与交往关系，两者在同一文化空间下，经历漫

文峰阁

八塔呈祥

长的互动，各族群众以信仰为纽带，逐渐融合，各宗教信仰之间相互吸收借鉴，完成本土化过程，是贵德乃至青藏地区宗教信仰的基本规律。

纵观青海旅游文化资源，无论是江河源头、草原风光，还是河湟多元文化景区，宗教文化氛围无处不在。处于藏汉文化交接地带的贵德地区，其宗教形态之丰富多彩，是许多地方都难以比拟的，这也是青海宗教特色旅游有别于其他地区的优势所在。所以，如何保护和发扬这种优势，是青海旅游界及相关部门应予高度重视的议题，也是青海旅游持续稳定长久发展的不可估量的文化资源。

## 黄河身后的家乡

（现代）孔占伟

关于家乡

是磅礴的高原分娩太阳的地方

是黄河源头孕育了生命的地方

一曲歌谣把连绵起伏的山川

唱得大彻大悟

过去的悲怆吐故纳新

沿河两岸的恩泽闪烁

距离黄河亦远亦近的传说中珍藏奇迹

每一片草场茂盛

牛羊欢歌就能想象到太阳陨落的地方风调雨顺

每一片麦子金黄

种子发芽就能感受到颗粒已经饱满

迢迢的流向

弯腰记录了黄河的纯净和清澈

我的家乡和黄河的缘分由来已久

黄河身后是家乡

是黄河的魂魄飘摇的层层叠叠的皱纹

告别了故土的明澈之后

是高原人难舍难分的眷恋

把你牵挂成了九十九道湾

佛容慈祥

# 高僧大德出贵德

呼图克图，是蒙古语，意为圣者，是元、明、清各朝代授予藏族、蒙古族、土族等地区的大活佛的封号。凡属这一级活佛，都是藏学界的精英，朝廷显贵，均载入政府理藩院册籍。贵德河西贺尔加村就出了这样三位博士级的人物。

贵德是黄河上游的主要通道，随着各族居民交往的加深，这里的地缘作用的提高，特别是丝绸之路的进一步畅通，宗教与贸易成为丝路上并行的双轨。来自本土的原始宗教，来自吐蕃和汉地的佛教均汇聚于此，几乎囊括了所有藏区较大的宁玛（红教）、萨迦（花教）、噶举（白教）、觉囊、格鲁（黄教）五大教派，成规模的藏传佛教寺院多达57座，僧俗众多，氛围浓厚，佛教成为当地寺院分布密集，僧众信仰面最广，影响最为深刻的宗教。

藏传佛教界对高僧大德的称誉有很多，如堪布、国师、大国师、呼图克图等，凡是任过法台的都有格西（教授）以上的学位，呼图克图的学位更高。呼图克图，是蒙古语，意为圣者，是元、明、清各朝代授予藏族、蒙古族、土族等地区的大活佛的封号。凡属这一级活佛，都是藏学界的精英，朝廷显贵，均载入政府理藩院册籍。贵德河西

佛事活动

南海殿僧侣

贺尔加村就出了这样三位博士级的人物。

塔尔寺阿嘉呼图克图三世活佛罗桑加央嘉措（1768 ~ 1816 年），青海郭密族所属贺尔加庄人。早年学经于拉萨色拉寺，因博通佛学，八世达赖强白嘉措授予“额尔德尼班智达”称号。乾隆十五年（1785 年）进京，封为“显能禅师”，任雍和宫和多伦诺尔掌印札萨克大喇嘛。嘉庆十二年（1807 年），任塔尔寺第四十任法台，不久被请去外蒙古库伦，任第四世哲布尊丹巴罗桑图登旺秋晋美嘉措的经师。嘉庆十六年（1877 年），因功加封为“诺门汗”。

塔尔寺阿嘉呼图克图四世活佛益希克珠嘉措（1817 ~ 1869 年），又名益希噶桑克珠嘉措，亦为贵德贺尔加庄人。初学经于塔尔寺，道光七年（1827 年）进京当差。道光十一年（1831 年），入西藏拜佛朝圣，考查经典。期间，曾拜师学经，掌握了大量藏学知识。道光十五年（1835 年），受“述道禅师”之印和封诰。道光二十三年（1843 年），奉命去外蒙库伦致奠五世哲布尊丹巴晋美丹贝坚赞。咸丰六年（1856 年）因病回本寺。咸丰十一年（1861 年），与三世香萨等重修塔尔寺大金瓦殿金顶。

塔尔寺阿嘉呼图克图五世罗桑丹贝旺秋索南嘉措（1870 ~ 1909 年）亦为贵德贺尔加庄人，经雍和宫金瓶掣签认定，于光绪四年（1887 年）迎入塔尔寺坐床。光绪十四年（1888 年），从香萨活佛受比丘戒去京，负责掌管喇嘛印务处及弘仁寺事务，授任札萨克大喇嘛。光绪三十一年（1905 年）因病回青海，宣统元年（1909 年）在塔尔寺圆寂。

贡巴寺小完德

贵德河东贡巴寺参直合活佛一世至四世，均出任塔尔寺法台，成为塔尔寺的一个活佛系统。第一任活佛的主要贡献是修建了贡巴寺。他废除了“农禅并举”的制度，令寺僧重受比丘戒，规范了寺院的规章制度，成为享有至高权威的贡巴寺活佛。其次，他在任塔尔寺第二十任法台时，他的密友藏王索南杰奉献了两万余两白银，修了大金瓦殿的宝塔、金制套兽、镏金云头、莲瓣等装饰品。同治六年（1867 年），贵德贡巴寺大经堂等毁于兵燹。同治十二年（1873 年），塔秀活佛第四世切群嘉措投资修复大经堂及弥勒佛殿等。二世、三世都任过塔尔寺法台，在藏学上有一定造诣。第四世活佛参直合，品德高尚，慈善谦和，达到了佛学上“无我”的境界，在贵德汉、藏、回各族中，声望很高，曾任贵德县副县长、海南州政协副主席。在各世参直合活佛的不懈努力下，贵德贡巴寺成为境域内最为显赫的寺院。

如果再将近代原属贵德的同德、贵南和尖扎地区的佛教界高僧大德罗列进来，那真是灿如星空，令人叹为观止。

晒佛奇观

# 宗教文化大观园

贵德位于江河源头，青南门户，自古以来就是各种文化互通交融之地。因而，贵德境内是青海地区宗教建筑最为稠密的地区，由于战乱，许多宗教建筑屡毁屡建，饱经沧桑，信徒民众，虔诚可鉴。

贵德位于江河源头，青南门户，自古以来就是各种文化互通交融之地。因而贵德境内是青海地区宗教建筑最为稠密的地区，由于战乱，许多宗教建筑屡毁屡建，饱经沧桑，信徒民众，虔诚可鉴。

从唐代开始，藏传佛教就在贵德地区普遍传播，尤其是藏传佛教后弘期，贵德以优越的地理位置和文化优势，成为藏传佛教复兴的中心区域。

## 贡巴寺

贡巴寺位于贵德盆地的东南隅，距县城河阴镇约三四公里的地方，这里是一片地势平坦，村庄密布，比较发达的农业区。贡巴寺藏语全称是“贡哇扎仓

贡巴寺大经堂

特三木达尔杰林”，意为“贡巴寺闻思昌隆院”，贡巴是“贡哇”的谐音，为历史上贡巴部落的称谓。解放前，在全县 30 多座格鲁派（黄教）寺院中，贡巴寺的佛位最高，规模最大，并拥有许多属寺，如珍珠寺、长佛寺、色尔加寺等。

贡巴寺建于明弘治（1488~1505 年）年间。历史上在贡巴寺的附近，居住着贡巴（亦称兄巴）、麻巴、沙乃、子格四个部族。相传在元末明初，贡巴和麻巴部就已经各有一座小寺。当时，这两座小寺均实行萨迦派（花教）的教规，允许僧人娶妻生子，每逢宗教节日，僧侣们都集中到寺里参加佛事活动，其余时间则各自回家从事农牧业生产。到第八个藏甲子（1488~1506 年）初，即明弘治年间，贡格噶居巴贤哲从西藏学成归来，在他的倡导下，将两座小寺合二为一，正式命名为“贡哇扎仓特三木达尔杰林”。其后，他又大力集资，各建成一座大经堂和小经堂。贡格噶居巴仍然沿用了萨迦派教规。直到康熙四十二

贵德贡巴寺

年（1703年），参直合一世更登东主接管寺院后，废除“农禅并举”，改宗贡巴寺为格鲁派寺院。

藏传佛教护法神

贡巴寺最宏伟的建筑是大经堂，藏语叫“措尔多轰”。它象征着寺内宗教组织的最高权力机构，采取藏式平顶建筑，可供500僧人诵经打坐。经堂内有四根1.2米见方的通天柱，上面刻有优美的图案，外裹绒毯和色泽绚丽的丝绸飘带、幢幡等饰品。经堂正中供奉着一尺高的释迦牟尼镏金铜像、鎏金铜无量寿佛、三世佛、观世音菩萨、八大药王、十一面观音等佛像。经堂两侧供有铜制鎏金宗喀巴师徒像3尊、宗喀巴大师主奉的金刚5尊，燃灯佛像5尊、塔秀、参直合等活佛的灵塔8尊，另有用药泥，香料塑成的宗喀巴，胜乐，大悲观音菩萨等佛像千余尊。寺内藏有《甘珠尔》《丹珠尔》大藏经各一部，宗喀巴大师的法衣、法帽，玛尔巴译师和米拉日巴圣者的修行带，热尔洛扎巴译师的念珠，护光佛和释迦牟尼佛的舍利以及萨班的浴丸等珍贵的宗教文物。

清同治六年（1867年），贡巴寺的大经堂、弥勒佛殿等建筑物毁于兵燹。六年后（1873年），塔秀活佛二世切群尖措慷慨解囊，重新修建了贡巴寺的一些殿堂，并将弥勒佛殿改建成普贤文殊殿。1985年，重建了大经堂、小经堂、菩提塔和参直合四世佛邸。

贡巴寺的主要宗教节日有吉日祝愿法会和定时长净法会。其中最为盛大的要数正月的“毛兰”法会和十月的“安木却”法会。正月11日至16日的“毛兰”

法会，是为了纪念释迦牟尼而举行的宗教仪式，届时，除本寺僧侣外，色尔加寺、梅龙寺等地的僧侣也来参加，共诵《大威德金刚经》等经文。10 月 25 日的“安木却”，是为纪念格鲁派创始人宗喀巴逝世而举行的宗教活动。届时，举行画坛城、诵经、施食驱鬼避灾等仪式，其场面之壮观不亚于正月的“毛兰”法会。

## 珍珠寺

贵德县城以东三公里的河东乡保宁村，有座珍珠寺，藏语称“觉党拉康”，与贡巴寺毗邻，历来由贡巴寺代管。珍珠寺始建于宋末元初。据《安多政教史》记载，元太宗窝阔台太子阔端王邀当时西藏有名的法师萨迦班智达·贡嘎坚参进京。萨班·贡嘎坚参与他的两个侄子八思巴和恰那多杰途经青海时，来贵德朝拜乜纳塔，并给乜纳塔开光。这时萨班·贡嘎坚参接到元阔端王派人送来的

珍珠寺

珍珠寺殿廊

一驮珍珠礼物，叔侄三人以此为资，建起了寺院，取名珍珠寺。传说该寺竣工后，在萨班等举行开光善住仪式时，人们看到许多菩萨降临，与珍珠寺的诸多佛像融为一体。由于珍珠寺仿照大昭寺而建，主供的释迦牟尼佛像其加持力相当于拉萨大昭寺的释迦牟尼，因此朝拜大昭寺的人，常会先朝拜贵德珍珠寺，可见这座寺院在青藏高原的声誉之大。

珍珠寺有二层正殿一座，规模虽小，但用料考究，造型优美，光彩夺

珍珠寺转经轮

目，殿顶以琉璃瓦覆盖，上立镀金铜塔，直径 4 米，高 5 米。殿内释迦牟尼、三世佛等巨型坐像和大门两侧的四大金刚皆出自技艺高超的五屯艺术家之手，仿照拉萨大昭寺的样式塑造而成。供桌上有大小不等的银制酥油灯数千盏，最大的可盛酥油七十多斤，最小的也能装八九斤。每逢重大宗教节日，特别是农历二月十五日的守齐节，安多、康巴、西藏乃至印度等地的善男信女，纷至沓来，顶礼膜拜，场面十分壮观。贵德地区的许多藏汉群众每逢家人去世，都会去珍珠寺奉灯祈祷，祈望亡人早日转世。近年来，珍珠寺因优越的地理位置和深厚的宗教文化，成为贵德地区香火最为旺盛的藏传佛教寺院，现为国家级非物质文化遗产。

## 白马寺

贵德县白马寺的前身为“扎西切浪寺”意为“吉祥佛法洲”，又称“却夫旦格”，清康熙四十八年（1709 年），由郭密阁西扎巴嘉措创建于加毛山下，为塔尔寺的属寺。清嘉庆年间，该寺三世曲丹增嘉措（1778~1837 年）迁寺到距县城东北 42 公里处的尕让乡大磨村西侧。此后，四世罗桑楚山丹、五世罗森楚臣嘉措时均进行过扩建。大经堂、小经堂等佛殿建筑宏伟，文物丰富，历史上最盛时有寺僧三百余人，为贵德县境内大寺之一。1988 年被列为青海省文物保护单位。

白马寺山门为四柱三层亭阁式歇山顶建筑，飞檐线条流畅，蜂窝坊木刻精湛，斗拱精致玲珑，琉璃筒瓦顶，戗角起跷，

白马寺门楼

飘逸欲飞。顶层阁脊安装法轮和金鹿，这在藏传佛教寺院经堂山门建筑中是不多见的。

佛寺依山而建。大经堂为土木结构双层平顶建筑，包括一个面阔九间、进深八间的双层平顶大殿和以双层回廊环绕而成的正方形庭院。大殿正面底层为阔 5 间、深 1 间的前廊，正面彩绘四天王壁画。四大天王分别身着白、青、红、黄铠甲，分别手持琵琶、利剑、伞盖和长虫，造型威武刚勇，栩栩如生。右面侧壁上绘有“生死轮回图”，笔法古朴生动。大殿内矗立的 56 根明柱上部雕有

白马寺

精美图案，柱上彩色蟠龙缠绕。殿中垂挂着帏幔、经布、华盖、幢幡、五佛冠等，把殿堂装扮得五彩缤纷，富丽堂皇。地上纵向铺设长条形团垫，供寺僧集体诵经时用。殿内上首供奉未来佛、文殊菩萨、宗喀巴、释迦牟尼及本寺高僧大德的塑像，前设法台宝座，供法台在此主持诵经。

小经堂位于大经堂之后的山腰上，为砖木结构硬山式双层建筑，正中供奉未来佛弥勒坐像，坐像高 4 米多。两侧为释迦牟尼和宗喀巴塑像。三尊佛像体态丰满自然，面目慈祥庄重，衣饰华美。小经堂左侧山包上建有一座四米高菩提塔。右侧八座如意宝塔，呈一线排列，虽远不及塔尔寺如来八塔之高大，却个个洁白如雪，以其小巧玲珑、简朴秀丽的身姿令人赏心悦目。白马寺在清代雍正初年曾因战乱被毁，乾隆年间重建。近几年来，经过整修，以崭新的面貌吸引了大批僧侣和群众前来朝拜观光。

## 罗汉堂寺

罗汉堂出土石臼

贵德罗汉堂寺，藏语称“罗汉堂昂钦珠贝噶察”，意为“大禅院修习马头明王的乐园”。据传，该寺创建于吐蕃王赤松德赞时期（755~797 年），是历经千余年的古老寺院了。赤松德赞统一西藏、青海藏族各部之后，在藏区弘扬佛教，在西藏修建桑耶寺，罗汉堂寺为其属寺。

罗汉堂寺坐落在贵德县城西北 22.5 公里、黄河北岸拉西瓦镇罗汉堂村。村东有条像青龙盘踞的山脉，名为加卜隆岗，僧俗人士曾在山麓修建伽蓝，称为神堂或会堂，这就是罗汉堂寺的前身。现在寺内还保存着传说为当年建寺时使用的粉碎谷物用的大小石臼 3 具，据文物部门鉴定已有千年的历史，3 具石臼已成为当年建寺的物证。

这座藏传佛教宁玛派寺院，历史上因教派之争，战乱频仍，几经被毁，又几度重建。现该寺由大、小经堂和佛塔组成。大经堂坐北朝南，主体是座二层平顶之上突出一个单层卷接棚式琉璃顶建筑，脊中设镏金法幢。经堂面阔七间，进深 7 间，正面 4 根棱形柱，托起阔 5 间、深 1 间的前廊，廊内正面镶嵌 4 幅木雕。两侧对称开一拱形门。经堂内矗立方柱 20 根，均以彩缎围裹，圆柱 1 6 根，蟠龙缠绕。正面供奉的藏传佛教宁玛派祖师莲花生大师塑像，端坐莲台，体形健壮威武，神态庄重慈祥。大师前方左、右侍立神女，一托金瓶，一捧玉钵，面目清秀，体态婀娜，与佛堂内众多的或体态威武，或面目狰狞的神像形成鲜明对照。大师右侧安放着四手观音菩萨、金刚手和骑枣红马的格萨尔王塑像；左侧安放着马头明王、莲师八大法行和文殊菩萨的塑像。前面供桌上的一溜酥油灯，彻夜不熄，照得神像流光溢彩。藏经阁上原有金银汁书写的《甘珠尔》《丹珠尔》大藏经，每函的经版皆为檀香木或桦木所制。大经堂前右侧有一座青砖围墙的方形院落。造型轻盈别致、结构自然的歇山式双层亭阁作顶的山门，歇山卷棚琉璃瓦顶的殿堂，构成一个小巧别致又颇为严整的建筑单位。大经

宗教法舞

罗汉堂寺

堂前左侧有一座佛塔。塔基周长约有 6 米，塔高约 8 米。青砖塔基，白色覆钵式塔身，圆锥形刹杆，顶部装有仰盘、覆盘和日月星顶饰，像一个高大的武士，守卫着古寺。

寺院每年都要举行数次佛事活动，其中最隆重、最引人注目的是正月举行的舞蹈盛会。从正月初三开始，三至十天不等。一般提前一个月就开始排练，由僧人表演莲花生 8 名号舞及地方神、山神等舞蹈。舞者系身姿优美的青年人，少则 8 人，多达 16 人，有的戴头饰，头巾遮面，有的还戴面具，舞者装扮成佛教传说中的各种神祇形象，随着鼓点节奏，跳跃自如。舞者矫健灵活，场面气势恢弘，吸引着附近及省内外众多游人前来观看。罗汉堂寺院的跳神舞，属宁玛派舞系内容，舞者还不时地舞枪弄剑，舞蹈步履复杂，跳跃幅度大，表现了很多世俗化倾向，这是青藏高原特有的一种宗教文化活动。罗汉堂寺，几经沧桑，饱经风雨，经近几年来的整修，已焕然一新，显得更加古朴典雅。

## 铁瓦寺

铁瓦寺又写作“铁哇寺”，藏语称“铁瓦扎西切宗”。它的前身是豆后隆寺，始建于明万历四十四年（1616 年），由豆后隆喇嘛建于今贵德县东沟乡东北一公里处的豆后隆村。当时有寺僧 30 余人，寺中供奉释迦牟尼和宗喀巴像，属格鲁派寺院。约在明末，出生于西藏洛扎巴村的色拉寺僧人桑结坚赞（？ ~1637 年）到今东沟乡地区传教，豆后隆寺僧侣敬仰其精通佛法，献寺于他，由他主持掌管寺院。约在明崇祯十年（1637 年），桑结坚赞在豆后隆寺去世，他被尊奉为该寺一世活佛。第二年出生于本村铁瓦家族的洛桑尼玛（1637~1699 年）为其转世，以后逐渐形成铁瓦活佛转世系统，并历任该寺寺主。

清康熙三年（1664 年）二世铁瓦活佛洛桑尼玛感到寺院与村庄在一起，有碍佛教戒律的执行。于是将寺院由豆后隆村迁到今东沟乡东南 6 公里处的山根下，定寺名为“铁瓦扎西切宗”，意为“铁瓦吉祥寺”。之后，他来到民和县塘尔垣寺担任二世章嘉阿旺罗桑却丹的私人秘书，协助其开展佛事活动。在随同章嘉进京朝拜清康熙帝时，受到了康熙帝的诏封，授封他为“额尔德尼洛藏尼麻”，意为“洛藏尼麻宝贝佛”。发给了诏书、印章，并赐一块九龙镶边的匾，一把琉璃壶和一个茶盘。章嘉活佛成为驻京呼图克图后，也向铁瓦寺赠送了大批经卷、佛像、佛塔，并赐名铁瓦寺为“尕旦扎西桑热林”，意为“具喜吉祥经典洲”。

铁瓦二世洛桑尼玛回到铁瓦寺后，在清政府的支持下，仿照湟中县塔尔寺

铁瓦寺大经堂

铁瓦寺佛塔

建成该寺的护法殿、甘珠尔殿和弥勒殿。护法殿宏伟壮观，墙壁上绘有壁画，内容是十六罗汉、护法神、八大菩萨，供奉有佛像、佛塔，并在以后保存了二世、三世、四世、五世铁瓦活佛的骨灰灵塔，弥勒殿内塑有弥勒佛像，甘珠尔殿内供有在内地得到的檀香木的释迦牟尼像，绘有释迦牟尼、宗喀巴师徒三人生平事迹的画卷，收藏历代达赖、班禅、章嘉的经典著作。在铁瓦二世主持管理下，铁瓦寺有了很大发展，寺僧增至七十余人。

铁瓦四世洛桑丹贝坚赞（1800~1881 年）对铁瓦寺进行扩建，增修了一座长佛殿，寺僧增至百余人。铁瓦四世洛桑丹贝坚赞被清政府授大百户职。从此历世铁瓦既是活佛又是地方官，铁瓦寺遂成为当地政教合一的寺院。

铁瓦寺的寺规、章程是由铁瓦二世制定的，主要设有掌堂师、领经师、司库者、总管等僧官。僧宫中除经师外，都要按本寺众僧的顺序轮流担任，对年老体弱僧侣要给予照顾，安排其做一些力所能及的事。寺院的经济来源除本寺少量的土地、林木、牲畜收入外，主要靠信教群众献送，僧侣不得随意到俗家诵经募化，不准做买卖、放债等。

铁瓦寺的宗教节日有很多，其中以正月祈祷神变节规模最大，十三、十四日的护法舞是节日的高潮。护法舞由十四名僧侣组成。此后还要由舞者扮成两名尼泊尔人、两名规范师、四具骨骼、打猎老人、随从六人、两个骷髅共三十人，共同跳梅花鹿舞。届时，邻近的尼尔寺僧侣也来参加，舞蹈者由铁瓦寺僧侣组成，乐队则由尼尔寺僧侣组成，其场面十分壮观，吸引了许多附近的群众前来观看。

## 乜那寺

乜那塔位于贵德县城西北（古城正西）约一公里的城北村，是贵德乜那寺主要建筑之一，也称“贵德白塔”“弥勒塔”“镇水塔”是青海安多地区著名的佛塔。

乜那寺北临黄河，平静的河水在这里拐了一个弯，向东北而后朝东缓缓流去。西河林区，林海起波，郁郁葱葱。黄河似带，绿树成荫，洁白如雪的佛塔，互相辉映，恬静肃穆的佛寺景象令人心旷神怡。

佛塔初建于唐代，至今已有1100多年的历史。据史料记载，第四十一代吐蕃王赤祖德赞于823年北征到此，建成此塔，内贮其发辫。1244年，元世祖忽必烈经师八思巴的伯父萨迦班智达·贡嘎坚参专程来贵德朝拜此塔，并为其开光。清嘉庆十一年（1806年）重建，造型与北京北海白塔相似。塔高28米，基座5层方型，边长 18 米，占地 324 平方米。塔身为白色瓶形，上面矗立锥形刹杆，顶部安装的镏金日月星顶，耗黄金 37 两。塔内塑欢喜佛一尊，造型生动，精美绝伦。塔身四周安放直径 1 米的 108 个嘛呢经轮（筒状，内藏经卷）。相传，因塔基内藏有“避水宝珠”，故佛塔矗立于黄河之滨千年之久而屹立如初，被誉为 “避

乜那寺远景

水圣珠镇水塔”。

清康熙年间，在佛塔之侧建成大经堂和僧舍。清嘉庆七年（1802年），塔尔寺第38任法台也那活佛五世从塔尔寺迎请大量佛像、唐卡和《甘珠尔》及宗喀巴师徒著作百余函，振兴也那寺。也那活佛六世系扎萨克多罗郡王（亲王品级）之子，多次去蒙古族地区活动，募化布施，进行扩建，为该寺鼎盛期。1956年再次扩建，其主体大经堂为藏式平顶二层建筑，青砖砌墙，雕梁画栋，柏木铺地，占地286平方米，蔚为壮观。进深9间，阔5间，

也那寺外观

中间4根通天柱，均以彩缎围裹，正面贴壁建有千佛阁，藏有数百尊小佛塑像。前面正中供奉释迦牟尼神像，两旁排列栩栩如生的十八罗汉彩塑，使殿堂更显得庄严肃穆。

也那寺是当地每年农历四月十五日开展“转象”佛事活动的场所。是日，释迦牟尼塑像被请下宝座，端坐车中，由白象（塑像）“牵拉”，僧人簇拥，在鼓乐和诵经声中，绕佛塔环行。此时，僧俗人等，千人云集，颂扬佛法无边，祝愿地方繁荣昌盛，人民安居乐业，子孙后代聪慧。此时的佛塔更以秀丽的风韵，给人们带来幸福的感受和充满希望的遐想。

### 谒乜那大塔

（现代）梅　卓

转遍每一只金色经筒
一百零八个愿望的深处
深藏的记忆之门豁然洞开
第四十一位藏王　他踏雪而来
高头战马穿越美丽的安多大地
在玛曲南岸乜纳地方
留下父母所赐的头发献为塔藏
乜那大塔白体金顶
是那藏王踏雪而来的明证

大佛寺匾额

## 大佛寺

大佛寺位于贵德古城北街玉皇阁西侧，亦称“弥善寺”，藏语称“乜纳宫康”，贵德民间广为流传的叫法称“乜尼后曾托”。大佛寺西邻城隍庙，东接玉皇阁建筑群，摈弃门户之见，集释道儒为一体，相依并存，为国内所罕见。

相传大佛寺于元末至正年间（1341 ~ 1368 年）由当地乜纳氏族创建，属湟中塔尔寺管辖，距今已经有 650 多年历史。明洪武七年（1374 年）修筑贵德古城时，因佛寺主殿已屹立在城墙范围之内，但不妨碍筑城施工，所以被全貌保护下来。清乾隆十二年（1747 年），西宁道佥事杨应琚撰修《西宁府新志》中有简略记载：早期派属不详，明清以来改宗格鲁派。在历尽沧桑之后，1986

年大佛寺修复重建。建成硬山式砖木结构，灰筒瓦覆顶大雄宝殿一座，塑有主供佛像释迦牟尼、宗喀巴、阿弥陀佛、弥勒佛、文殊菩萨、普贤菩萨、韦陀菩萨七尊大佛塑像。1997 年，甘肃拉卜楞寺讲经格西活佛罗藏尖措为佛像举行开

大佛寺正殿

光仪式，大佛寺正式宣布对外开放。2006 年重新设计建成硬山式面阔三间砖木结构的大佛寺山门。赵朴初先生题写的“大佛寺”匾额悬挂于山门之上。

进入大殿，殿中各佛龛之间背衬壁画，所塑佛像的背部和头部均饰绘以金光四射，五彩缤纷的背光环，龛前设置斋供香案，供法器、法物、拜垫等，一应俱全。大殿内的天花板上装饰着以黄蓝两色绸缎镶嵌缝制的方形藻井，悬挂着圆筒形黄缎织品幢幡宝盖，展现出一种庄严肃穆、清净玄奥的氛围，走进大佛寺，令人顿生如临海天佛国圣境之感觉。

## 宗喀拉则

宗喀拉则，由于地处贵德县拉脊山口宗喀山脉而得名。拉脊山口是通往日月山、青海湖旅游景点的通道之一，也是贵德文化旅游的东大门，从古至今都是交通要道。从原先的宁果公路翻越拉脊山垭口时，就会看到耸立在草原和天空连接处，那一座座极富民族特色的藏式建筑群。这就是中国最大的拉则，亚洲最大的山水文化殿堂。

拉则，藏语意为地方神的驻所。在青藏地区，对自然山水的崇拜是当地民族文化的重要组成部分。藏族人认为，那些对部族有功勋的先祖之灵寄托在山水树木之间。为了供奉这些神灵，修筑的城堡或宫殿被称为“拉则”。藏族人敬畏天地，崇尚与自然和谐共处，草原上，每一处垭口都有经幡随风飘动，俗称“风嘛呢”；清澈的河水里，会不经意发现刻在河中石头上的“六字真言”，为“水嘛呢”；山体摩崖石刻的经文则是“山嘛呢”。这种“嘛呢”文化，已经深入到藏族人的骨髓里。这是一种寄托，更是一种信仰。

贵德是典型的多民族聚居地区，多民族传统文化在此交融集萃，形成了地区独特的文化旅游资源。宗喀拉则是贵德县为创建国家级旅游度假区需要，深入挖掘拉脊山文化旅游资源，精心打造的一处门户特色景点。

宗喀拉则于 2012 年 7 月动工开建，总占地 1672.24 平方米，主要建筑包括十三战神拉则、十二座小拉则、煨桑炉及配套设施，总投资达 1600 万元，于 2014 年 10 月 15 日举行开光大典。宗喀拉则是一个没有民族之分、多民族祭拜的山神庙宇。拉则分赞普拉则、大臣拉则、英雄拉则等。这里每年都会举办大型的文化旅游活动，如：赛马、射箭、“尚尤则柔”等非物质文化表演，也会根据群众需求不定期举行规模不等的煨桑祭祀活动，祈祷牛羊兴旺，草原长青。

在贵德县旅游管理委员会的积极协调争取下，该县宗喀拉则建筑群被吉尼斯世界纪录咨询（北京）有限公司认证为“最大的拉则吉尼斯世界纪录”。亚洲区认证官吴晓红女士于2016年4月9日宣布：由中国青海省贵德县旅游开发管理委员会建造的宗喀拉则，高37米，建筑面积1672.24平方米，荣获最大的拉则吉尼斯世界纪录称号。

走进被当地人称为“万神之殿”的宗喀拉则，看着飘飞的经幡，信徒们就会相信，随风而舞的经幡飘动一下，就是诵经一次，寄托着人们美好的愿望；走进这里，心会立刻安静下来，所有关于生活和工作的烦恼，也会随着山风飘逝；走进这里，才能真正领悟草原民族在不断的繁衍生息中，逐渐懂得的生态保护的紧迫性，膜拜自然、崇尚自然，只有与自然和谐相处，人类才会有安逸的生存场所。

宗喀拉则

文庙大成殿

## 玉皇阁古建筑群

贵德玉皇阁古建筑群坐落于黄河南岸的县城北垣。初建于明万历年间，清道光十一年（1831 年）复修，同治六年（1867 年）毁于兵燹，1912 年重修。建筑群坐北朝南，三院建筑呈“品”字形排列，前以文庙统领，后边西为万寿观，东为关岳庙。建筑鳞次栉比，错落有致，形成一个以玉皇阁为主体的建筑群。现为全国重点文物保护单位。

### 文　庙

进入玉皇阁古建筑群正门，穿过泮池拱桥，就到了文庙正门。这是一座阔三间的硬山式建筑，南侧建有乡贤祠、名宦祠各三间。文庙正中是大成殿院。院内青砖铺地，纤尘不染；杏树两株，枝叶繁茂。正殿大成殿坐北朝南，高 11 米，阔 18 米，进深 9 米，建筑面积 221.4 平方米，重檐歇山式结构，朱墙青瓦，云楣装饰，内供孔子画像和牌位，孔像突颧隆鼻，长髯飘逸，形象十分生动。东西厢房排列两边，画窗上镶嵌山水、人物画及孔子语录 18 幅，展示孔子主要生平和言行。12 间厢房内供奉孔氏 72 弟子牌位。庙内原藏有祭祀乐器，惜于上世纪 60 年代期间失落。殿前杏坛高 1 米，长 12 米，宽 8 米，是每年农历七月二十二日（孔子圣诞）举行祭祀孔子仪式时演出歌舞的地方，文庙规模不大，然简朴自成一统，别具一番风采。

**贵德文庙大成殿楹联**

（近代）张荫西

开万世太平之基半部论语治天下

创千秋文明之象一篇礼运进大同

文庙圣贤堂

关帝塑像

**关岳庙**

关岳庙又称马祖庙，俗称武庙。供奉关羽、马祖、岳飞三尊神像，历来为习武军旅人士拜谒、聚会的场所。整体建筑结构严谨，对仗工整。庙前矗立着一座阔 12.6 米、高 5 米的清代照壁，照壁由雕砖砌成，花卉、回文等雕刻，做工精湛细腻。照壁正对的一座三开间两进深的硬山式建筑，前为山门，后面两层是戏台，据说当年演出颂扬关、岳功德的戏剧时，院里每每人头攒动，

关岳庙山门

热闹非凡。院北正中的过厅是阔 5 间的歇山式殿堂建筑，斗拱密致，装修精美，可称得上古代建筑的上乘之作。左鼓楼，右钟楼，皆为二层亭式结构，形体巍峨，建筑精致。穿越过厅，进入主院，东西两院各 5 间，为前来拜谒、聚会的人士休憩之所。正面歇山式武庙大殿，建在高 1 米的台基之上，阔 15 米，进深 9 米。柱头、外檐横枋安装斗拱，建筑朴实庄重，是供奉三尊神像之处。

**关岳庙正殿楹联**

（近代）张荫西

想君侯当年威震华夏志愿三分归一统

仰武穆精忠力驱金胡誓扫群丑迎二宫

仙阁插云

**万寿观**

万寿观属道教宫观，由山门、过厅、两庑、玉皇阁组成。硬山式山门左右各有一雄踞于石座之上的清式雕刻彩绘坐狮，小巧却不失威武。山门内侧存有两块石碑，分别成碑于明万历二十年（1592 年）和清道光十七年（1837 年），记述了创建玉皇阁的始末和复修玉皇阁概况，碑文清晰可见。过厅之后的左右两庑各 5 间，原供有雷祖、真武、文昌、三元诸神像，据《复修玉皇阁碑记》称“有求必应，感而遂通”可见当时香火之盛。

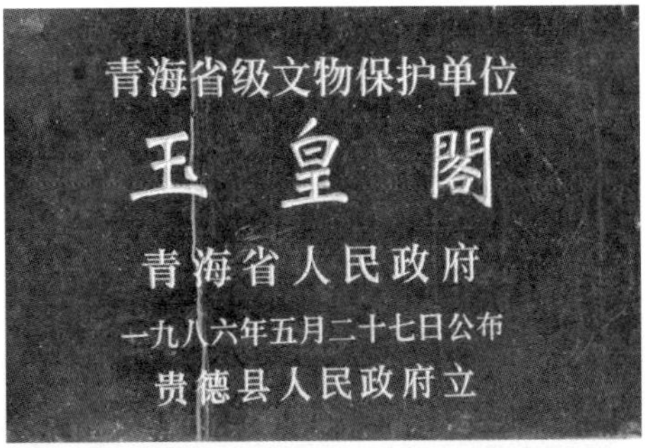


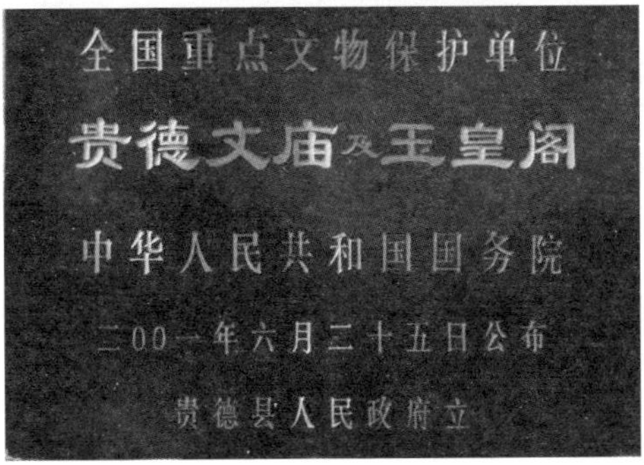


坐北朝南的主体建筑玉皇阁通高 30 米，砖包土筑台基，上建歇山顶三层阁楼，由基底历 33 级台阶可登台入阁，阁内安装木质螺旋扶梯，层层上达，顶阁安放玉皇大帝神位。阁楼为斗拱结构，雕梁画栋，微风徐来，灰筒瓦风铃便金声玉振，令人心旷神怡。玉皇阁巍巍耸立在建筑群之中，远望之，嵯峨高起，直插云表；登临则俯视全城，一川风光尽收眼底，滔滔黄河流经阁北，故有“仙阁插云”的美称。

玉皇阁古建筑群西邻的大佛寺、城隍庙修葺一新，与建筑群联为一体，以更加壮丽的景观，迎接中外游人。

**万寿观楹联**

（近代）张荫西

临紫塞登鸡岭便见群山重叠

控黄河观龙门独显一阁峥嵘

## 城隍庙

城隍是道教所传守护城池的神灵，崇拜历史悠久，唐宋以来郡县皆祭城隍。明太祖洪武三年（1370 年），朝廷正式规定对各府州县的城隍神加以祭祀。各地城隍多为对地方有特殊贡献的历史人物。

贵德城隍庙位于古城内大佛寺西侧，是玉皇阁古建筑群的重要组成部分，始建于明朝初期。历史上的贵德城隍庙屡毁屡建，现有城隍庙建筑群包括山门、过厅、城隍大殿、后寝宫等。城隍庙山门前原有一块约 8000 平方米的广场，人称隍庙场，过去是县城民众集会的场所，现扩建成文化中心广场。城隍庙山门为硬山顶式砖木结构建筑，屋檐及门顶悬挂“城隍庙”“护国佑民”两块匾额。在前院与中院之间中轴线上建有过厅，为重檐歇山顶式木结构建筑。在过厅前檐与门顶挂有“明镜高悬”和“庄严肃穆”两块匾额。在过厅东西两侧各建有二层钟楼，立有“重修城隍庙大殿功德碑”两块，记述城隍庙沿革历史及重修经历。中院与后院之间中轴线上建有城隍大殿，坐北朝南，为硬山顶

城隍庙山门

城隍庙匾额

式砖木结构建筑。殿前中院两侧建有十王殿各 5 间，内塑十殿阎王坐像。大殿东侧偏院中建有娘娘殿和地藏王殿各 3 间，坐北朝南，内有送子娘娘和地藏王菩萨塑像。

## 贵德文昌宫

所谓“文昌”是“文运昌盛”之意，民间俗称“文曲星”，道教主管文运之神。自隋唐科举制度成熟后，民间尊崇文昌为“职司文武爵禄科举之本”，文昌星多为读书人所崇拜。所以，旧时全国各地普遍建有文昌宫、文昌阁、文昌庙和

贵德文昌宫

贵德大柳树与文昌庙　（1919年柏立美（美）　摄　柏大卫（美）　提供）

文昌祠等，以求地方人文兴盛。贵德县历史上曾有十余座文昌庙，其中河西文昌庙影响最大。现存文昌庙还有太平村文昌庙、周家村文昌庙和下罗家村文昌庙。此外，在新街回族乡上卡力村也有一座文昌庙。

河西文昌宫又称贵德文昌庙，位于贵德县城西7公里处的河西乡山坪台根，前有泉水，南近上、下刘屯村，西靠山坪，东近下排村。民国时期编修的《贵德县志稿》载："文昌庙，在城西十二里古边墙外，依山傍岭，河流萦绕，汉藏信仰，士民供奉，每逢朔望，香烟甚盛，灵竭显著，久为汉藏祈福消灾之所。"文昌宫始建于元朝天历二年（1329年），由塔尔寺寺主三世阿嘉活佛创建。传说当时计划将文昌宫建在温泉沟迷沟岭下，木料已准备就绪，突降大雨，全部木料被冲走。暴雨过后，木料无损，堆放在现文昌宫地界，故选址于此。

文昌宫初建时只有 3 间殿堂，随后逐年扩建，到明朝洪武元年（1368 年）全部建成大殿 3 间，南楼 6 间，北楼 6 间，南有鼓楼，北有钟楼，明朝中期兵变，除大殿外，其余建筑被烧毁，后又修复。它的建筑除架彩、雕刻花纹外，还用琉璃瓦覆盖屋脊，造型优美，工艺精湛。成为贵德著名的“四大门户”（即东有长佛寺，南有南海殿，西有文昌宫，北有玉皇宫）之一，现为全国重点文物保护单位。

## 王屯龙王庙

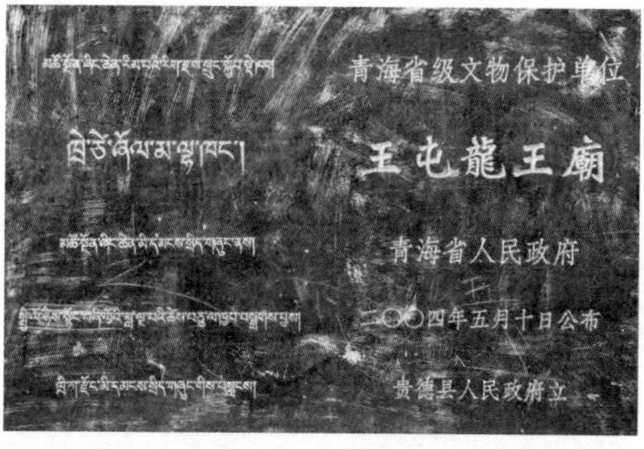


龙为古代传说中一种有麟角须爪，能兴云布雨的神异动物。因此，民间非常重视修建龙王庙，以期风调雨顺，确保人们的生产及生活。贵德县作为历史悠久的农业区，修建的龙王庙较多，其中以王屯龙王庙最负盛名。

王屯龙王庙位于县城东南 10 公里处的河东乡王屯村，县城至常牧镇公路西侧台地上。此庙始建于明代洪武年间（1368~1398 年）。庙址 4 亩，原建筑由大殿、两廊、山门、牌坊等古建筑组成，规模较大。庙门外有大照壁和牌坊，庙门内有过厅，庙院中心两侧有一对石狮，石座上刻有“民国三年（1914

王屯龙王庙山门

年）腊月二十六日立”字样，还有两根石座卫杆，东、西两廊房各 5 间，正前方为大殿，正面阔 3 间，进深 4 间（有一后寝宫），为硬山顶式砖木结构建筑。据传大殿内原挂有清乾隆皇帝赐的九龙大匾一块，上书“护国佑民”。现存建筑群为清道光二十年（1840 年）的建筑物，至今已有近 180 年的历史了。今庙殿大梁上有相关记载。1980 年后又修复一新，现为青海省级文物保护单位。

## 刘屯、周屯二郎庙

贵德地区有六座二郎庙，享有盛名的是刘屯二郎庙和周屯二郎庙。刘屯二郎庙距县城 4.5 公里，距今河西镇 2 公里处。刘屯二郎庙原在刘屯古堡寨内，庙堂为硬山式砖木结构，坐北朝南，庙门向东。其建造年代据民间口传，与周屯二郎庙同建于明代中期。2006 年刘屯耆老贤士们发起修复倡议，上下刘屯全体村民资助，重建二郎庙。该庙竣工后，约请贵德文化名人窦建德先生撰“重建二郎庙碑记”，略述了自明永乐十年（1412年）河州卫（今甘肃临夏市）世袭百户刘庆率众屯垦贵德，守土创业的简史，成为见证屯田历史的文化古迹。周屯二郎庙距县城东南15公里，位于今常牧镇政府所在地周屯村的中心地段，是常牧地区唯一的一座具有600多年历史，以藏族为主体民族地区的汉族庙宇，2005年迁址修复。

二郎庙作为一种宗教建筑，广布全国各地。祭拜的是传说中的道教俗神二郎神。在贵德，民间称二郎为战神。二郎真君姓杨名戬，是玉皇大帝的外甥，亦神亦人，法术无边，通晓七十三般变化，额顶生神眼，善于腾云驾雾，还有一只神勇的哮天犬，手下的梅山六兄弟也非常了得。在与大闹天宫的孙悟空大战中，他武打文斗，终于把武艺非凡的孙悟空捉住。他在天宫中武艺超群，十分勇猛，是我国神话中声名显赫的战神。玉帝封他为“英烈昭惠显灵仁佑王”，

周屯二郎庙

道号“清源妙道真君”。二郎不在天庭居住，而是在下界享受香火，保佑众生。由于贵德地区历史上战乱频仍，人们渴望安定的生活，所以对于二郎战神非常信仰，希望他能带给人们安定、和平、幸福的生活。

## 河阴清真寺

河阴清真寺属伊赫瓦尼教派，大寺主要由礼拜大殿和宣礼楼组成，建筑结构复杂玄妙，巧夺天工。大殿内殿顶天花呈阿拉伯六角“天罗伞”式，屋顶精细浮雕，由数百块细木精刻细嵌而成，檐牙雕琢，错落有致，富丽堂皇。前壁镶有各式花草图案的雕砖装饰，凹凸参差，精美绝伦。殿内由四根通天巨柱撑顶，在殿堂门顶上镶嵌有砖雕的匾额一块，书写着“开天古教”四个大字，颇具神韵。

河阴清真寺

宣礼楼原本三层六角以中国古典式亭榭形制的空心木塔，被五层钢筋混凝土自捐塔替代，整个造型美观新颖，别具一格。楼顶为绿色琉璃瓦，向外延伸的六个角上攀附着六条龙，气宇轩昂，栩栩如生。宣礼塔的底层为寺院出入之门庭，庄严肃穆，仿传统的阿拉伯式样，是全县伊斯兰教的宗教活动中心。

## 西北村清真寺

该寺建于1921年，重建于1945年，属于格子目教派。1996年从化隆迁到这里，取名为“西北村清真大寺”。整座寺由大门、宣礼塔、礼拜殿以及南北配房组成。整个建筑古朴典雅，结构精美。

走近清真寺，首先映入眼帘的是藏青色大门，将高原的神秘与纯净渲染开来。大门旁边开有小门，小门两边各有精美的风景画镶嵌在墙壁上，大门上方悬挂“西

西北村清真寺

北村清真大寺”匾额，两个小门上方各有一句“正教名道教文经凭，弘扬圣德代代相传”。依着大门的宣礼塔，是2007年6月在韩福英阿訇和寺管会以及众人的努力下建成的。塔高约35米，底层是白砖，塔门向西开，楼内的木梯旋转而上，绿色葫芦型的塔顶，塔顶上安置着金黄色闪闪发光的一弯新月。礼拜殿是清真寺中最主要的建筑物，是众人礼拜的场所。

教堂内景

## 基督教堂

在贵德县大史家村石家槽有一座砖混结构，面阔四间，可容纳百余人的基督教堂。据记载：清光绪十七年（1891年），英籍基督教牧师胡立理夫妇到西宁创办“内地会”传教。民国十六年（1926年），在贵德设会并在居家沟建造福音堂，这便是大史家基督教堂的雏形。至建国前，曾先后有英、美、加拿大、瑞士等国的八位牧师住此。其中加拿大籍牧师白嘉礼、白多慈夫妇，不仅懂汉语，而且会藏语。最后一位牧师是英籍马道康、高雅琴夫妇，他们擅长医术，设有会诊所，经常给患者治疗疾病，深受民众爱戴。现存贵德基督教堂几经整修，建筑面积有所扩展。

贵德基督教堂

# 多元文化融汇地

无论从地理、历史，还是从民族、人文的角度看，贵德不愧是块祥瑞之地。正因为贵德有了海纳百川的胸怀，所以不同的文化形态和宗教信仰，都能在这里共同吟诵千古称道的至理名言，也正是如此，贵德这片钟灵毓秀的福地才会人才辈出。

福运广场

特殊的地理环境，清晰的文化脉络，多种民族及宗教文化的消融互长，使得贵德地区的文化形态呈现出典型的多元性。羌戎文化、鲜卑文化、汉文化、吐蕃文化等多种文化形态的更替交融，相辅相成，最终形成了流动的、开放的、复合性结构的江河源文化。无论从地理、历史，还是从民族、人文的角度看，贵德不愧是块祥瑞之地。正因为贵德有了海纳百川的胸怀，所以不同的文化形态和宗教信仰，都能在这里共同吟诵千古称道的至理名言，也正是如此，贵德这片钟灵毓秀的福地才会人才辈出。

这里，佛教文化源远流长，五色教派共生共荣，相得益彰；这里，道教文化氛围浓厚，人与自然和谐相处，生态优越……这连绵起伏的绿色长廊，正是各族人民几百年以来，敬畏自然，呵护自然；植树造林，绿化家园的成果。大自然给贵德人民以丰厚的回报，清澈的黄河，湿润的气候，滋养了一方水土，

传说中的格萨尔王拴马桩

孕育了勤劳质朴的各族人民，其中有许多佼佼者为贵德乃至国家留下了不朽的精神财富。

这里曾是格萨尔王的子民们休养生息的美丽家园。1953 年 4 月，贵德境内最早发现了古老的《格萨尔王》史诗传唱手抄本，让中外学术界为之注目。那神秘浩瀚的英雄史诗传唱至今，让整个世界为之动容。

贵德籍著名藏族学者格桑多杰，就曾用热情洋溢的笔调写道：

藏族英雄史诗《岭·格萨尔王传》是藏民族奉献给人类文化宝库的瑰宝，她是由无数藏族民间艺人用他们的聪明才智创作，继承，并使其得以发展流传的。他们为雪域民族民间文学事业的发展作出不可磨灭的贡献，从他们身上我们可以看到藏民族卓越的智慧和创造力。华甲就是其中一位佼佼者。

**华　甲**（1901 ~ 1975 年），贵德县河西尚友村（现称下排村）人。这里地处黄河南岸，紧连着老浮桥旧址，是黄河两岸南来北往的交通枢纽。有史以来这里就居住着藏民族的先人，明朝而下这里成为一个藏汉民族杂居地区。由于长期的文化生活交融，这里的藏族村民从小就能运用藏汉两种语言进行交流。华甲是一位黄河流域藏汉文化的接受者、传播者和集大成者，是《岭·格萨尔王传》英雄史诗的演唱者、收藏者、研究者和翻译者，是一位有远见卓识的优秀文化传承人和学者。他早年在家乡受到藏文化的传统教育，令他有丰富的学识，加之刻苦好学，博览各种藏文化书卷，成为吸纳传统文化的出色藏族知识分子。在人们尚对这部藏族英雄史诗、中华文明古国的瑰宝、世界民间文学宝库中的珍品掌握的资料极少，在对

格萨尔王

藏族学者华甲

长篇史诗的框架结构、故事情节的曲折延伸以及艺术魅力、艺术价值茫然不能理清，在研究工作中遇到缺乏原本资料的关键性难题的时候，华甲在省文联的协助下，带着《岭·格萨尔王传》（贵德分章本）亲赴西宁，参与了史诗的搜集、整理、研究和翻译工作。可见他是当初青海文联“格学”的主要研究创始人之一。他无私奉献出的镇家之宝——《岭·格萨尔王传》手抄贵德分章本成为全国“格学”研究史上的第一部原本资料，极其珍贵。在华甲与其他学者的精诚合作下，在上世纪 50 年代就成功地奉献了全国第一本《岭·格萨尔王传》的汉译本。华甲对事业的执着精神和为英雄史诗的苏醒、弘扬所做的贡献是无价的，历史将雄辩地证明，他的业绩与英雄史诗同在。

**切吉卓玛**，女，藏族，1942 年 8 月出生在贵德县河东乡神宝山下的萨奈部落，她从 9 岁起学唱藏族“拉伊”，是该家族中藏族“拉伊”的第四代传承人，其家族中的男女都能歌善舞，是当地颇有名气的文艺之家。1979 年 7 月，她有

“拉伊”传承人切吉卓玛

幸参加了全省在乐都县（今海东市乐都区）瞿昙寺举办的首届东部农业区九县各民族“花儿”邀请赛，她获得藏族“拉伊”比赛项目的一等奖。1980 年 10 月，全国人大常委会副委员长，第十世班禅额尔德尼·确吉坚赞大师到青海视察工作时，亲自接见了我省著名藏族民间歌手，切吉卓玛代表海南州的藏族“拉伊”歌手受到了接见。1981 年 6 月，经切吉卓玛口述，整理出版了我省首本藏文版原生态《藏族拉伊集》，使藏族“拉伊”成为青海民间文学的主要内容之一，迅速带动了藏族“拉伊”在海南地区的传唱。1983 年 9 月，《藏族拉伊集》第二次修订出版。1982 年，切吉卓玛在全州民间艺术比赛中，藏族“拉伊”获最高奖项。1993 年，应西藏自治区文化部门的邀请，切吉卓玛赴拉萨参加西北五省区藏族“拉伊”邀请赛，她的精彩演唱受到了当地人民群众的好评，比赛中荣获优秀奖。此后，切吉卓玛多次应邀参加了我省果洛、黄南、海南、海北、甘肃省甘南州等地举办的演唱会，不断展现了她的唱艺和才华，提高了贵德的知名度，本人也成了安多藏区家喻户晓的藏族“拉伊”演唱家。2008 年 2 月，切吉卓玛被评为国家级非物质文化遗产藏族“拉伊”代表性传承人。

**拉　毛**　女，藏族，1951 年出生于青海省海南藏族自治州贵德县河西镇下排村，是国家级非物质文化遗产“尚尤则柔”的传承人。

“尚尤则柔”系藏语，意为下排部落舞蹈，主要流行于贵德县下排村。下排村的历史文化非常悠久，村西的现园艺场是马家窑文化类型古文化遗址，距今有五千多年历史，现已列为省级文物保护单位。据史书记载，早在两千多年前的汉代，贵德黄河南岸就有藏族祖先西羌之先零羌部族在此繁衍生息，下排村落就是其中的一个古老的羌藏村落。

“尚尤则柔”是勤劳的藏族人民在漫长的劳动生活中形成的独特的地域文化。有二十多种类型，内容丰富，歌舞兼备，动作柔美。目前保留下来的曲目主要

“尚尤则柔”传承人拉毛

有鹿舞、阿柔玛、催奶曲、安召等。“尚尤则柔”在藏族舞蹈中具有广泛的代表性，蕴含着许多古文化信息，在研究、弘扬藏族文化，以及人类学、民族学、民俗学等方面具有重要的史料、艺术价值。

拉毛的家庭是音乐世家，有几代“尚尤则柔”传承人。她从四岁开始就跟着奶奶和母亲等长辈学唱酒曲，学跳“则柔”。十岁开始正式登场表演，藏族人家举行的喜庆宴会上经常请她去演唱酒曲、表演“则柔”。她也经常在县、州、省举办的文化活动中参加演出，技艺日臻成熟，艺术水平得到全面提高。改革开放后，拉毛和同村的舞蹈老师尖措将村中文艺爱好者组织起来，挑选舞蹈演员十六人，乐器伴奏四人，成立了“下排村歌舞队”。开始还是演跳现代藏族歌舞，在全县各地走乡串村表演。后来逐步恢复了传统的“尚尤则柔”表演。

1982 年，在海南州召开的“民族民间艺术工作会议”和 1986 年举行的“海南州州庆活动”中，拉毛等人出演“尚尤则柔”获得奖励。1987 年 10 月，十世班禅大师、时任全国人大常委会副委员长额尔德尼·确吉坚赞来海南州视察工作时，拉毛前去参加演出，获得了班禅大师的高度赞誉，并给予了奖励。自 1992 年以后，省、州领导在贵德视察工作时，都观赏过拉毛等人的“尚尤则柔”表演。

自 20 世纪 90 年代至今，县文化部门对“尚尤则柔”的传承做了大量工作。培养了年轻的“尚尤则柔”表演人员数十人。2009 年，举办全国非物质文化遗产舞蹈类巡演活动时，事先经拉毛老艺人的传承培训，贵德“尚尤则柔”表演团到北京民族文化宫演出十场，盛况空前。2010 年，选派了演员八名，在“青海省民族文化旅游节”上，参加了青海省非物质文化遗产项目“尚尤则柔”展演。为了使“尚尤则柔”这一代表藏族人民精神需求，承载他们善良的人性和细腻感情的载体不失传，拉毛积极配合贵德县文化馆完成了“尚尤则柔”的搜集、整理工作，协助出版了《尚尤则柔——舞蹈音乐集》宣传画册并推出宣传片，为传承这一民族文化瑰宝作出了贡献。

除了藏文化的蓬勃发展，传统儒家思想在这里也影响深远，自古以来才俊辈出，人文蔚然。“青田断脉”的典故与“父子同科”的美闻，曾共同演绎过千年文化苦旅之路上的悲喜剧。

据民间传说，明代开国皇帝朱元璋的首辅谋士刘伯温，上知天文，下通地理，且精于占卜之术。他夜观天象，发现西北地区黄河九曲星野，祥光升腾，星辰耀眼，时有龙形出现。

便启奏皇帝，说不久的将来，此地必出帝王，取代大明王朝。朱元璋情急之下，派遣刘伯温亲临黄河九曲之地明察暗访，一探究竟。结果在贵德境内，发现南岭一峰，形同龙首，破脉而出，直趋黄河。刘伯温见此情景，大吃一惊，他断定这是一条龙脉，龙首饮水黄河之日，此地必出帝王，也将是改朝换代之时。刘伯温随即派遣军士挖断龙脉，以绝后患。由于刘伯温是浙江青田县人，此后，贵德一域便留下了“青田断脉”的传说。清代，这里建起了众多庙宇楼观，成为著名的“南海胜景”，民国年间，吴世瑾任贵德知县时，曾发动民众，填土续脉，一时传为美谈。

## 龙脉亭碑记

（现代）沈世杰

鸿濛洪荒，自然造而万象具；山原河泽，天地设而血脉通。造物之设万般，则必有深意存焉。天人一也，肌肤肢体岂可妄坏？君不见：山林原可留水，泛滥后始悟昔伐；湖泊本为蓄洪，横溢时方悔曾填。故曰，降谴本是天有愠，戕伐莫欺地无言也！

贵德地虽僻遐，然滨河傍谷，距险凭隰；清流宛转，峰峦嵯峨。不惟物阜民丰，其山川之奕胜瑰巍，亦高原难见之胜境也！地称奇绝，事传异曲。或云：洪武乘势，得天下而警位；伯温知机，察堪舆而按图。惕惕然恐帝脉之隐于山野而欲殄灭之。乃见贵德梅茨之山，莽莽如巨龙之蜿蜒而奔河。悚然谓龙饮河水之日，必是金陵王气黯然之时。故亟斩其首而断其脉！信然欤？今断壑残堑赫然存焉。时至民国，有县宰吴公，忠恪之贤君子也。谓断脉之举恐于天怒而绝人文，遂召黎庶而补之。故又有补山之遗迹在焉。噫！信臣断脉，遗阙垄于后世；明吏续土，存仁心于原域矣！

呜呼！天下之兴亡，在乎民心之得失，不在一丘之维绝；人文之盛衰，关乎国势之明暗，岂关一峦之残完欤？夫补山之举，乃敬畏自然，顺应天道之大德也。一水一山，宇宙造化之安排；一断一续，道德人心之分野。游人至此，宁不兴叹仰止，恂悟而唏嘘哉！

青山有根，沐春雨于盛世；黄涛无极，得清源而长流。山川永固，人文蔚隆。明睿和煦，宇宙澄澈。天人共熙，此其时也！

“父子同科”说的是，清代光绪年间，贵德城关名门望族韩氏父子同年考中举人，朝廷特令嘉奖的趣闻轶事。

**韩树义**，字子芳，贵德城内人，清代举人，曾任浙江盐大使。

**韩　博**，字少芳，贵德城内人，为子芳之子。

韩博与其父同考，俱中举人，学使赐“父子同科”匾额。

据古稀老人们回忆，直到解放初期，那块朝廷恩赐的“父子同科”大匾还挂在韩宅中堂之上。这种在中国千年科举史上都十分罕见的文化现象，竟然出现在偏居西北一隅的贵德境内，可谓是石破天惊的奇闻。

贵德籍的清末贡生还有张升、张允恭、李向荣、祁之灿、韩家鉴、韩树炎、贾思贤、许永祥、赵廷选、杨生荣、邓寿、杨凤祥、杨凤鸣、杨模等。贵德籍的附生（秀才）有宁克诚、王吉福、刘廷祯、吴钟灵、赵光祖、柴延发、吴朝邦（武秀才）、魏廷玑、张志栋、文汉章、袁高、刘应宠、王朝邦、王增杰、岳瑜等。

**河阴书院楹联**

（清）甘时化

讲学以明伦日所遵行不越兄友弟恭父慈子孝

穷经原致用时常警惕无非正心诚意修身齐家

科举制度废除后，贵德学子顺应时代潮流，接受新式教育并取得不菲成就，

“腾蛟起凤”匾额

何秉衡、韩树圭、韩树淼、韩树梅、韩焕、王升、周育才、张培元、朱生瑞等都是清末民初新式教育下涌现出的才俊。

**韩树淼**（1897~1973 年），字海容，原籍贵德县城人，在兰州一中毕业后，以第二名考入国立北京大学政治经济系，1925 年毕业，是青海地区第一位考入北京大学的学子。曾于 1924 年 11 月代表青海到北京车站欢迎孙中山先生北上抵京，不久当选为孙中山主持的国民会议代表，并从政于北京、南京等地。1929 年返青工作，曾任青海省立第一师范学校校长，青海湟川中学高中文史教

韩树淼（右二）与朱绣（左二）
等同仁在颐和园合影留念

照片由韩立提供

员等。解放后，将价值万元的图书捐献给省图书馆。

**韩树梅**，原籍贵德县城，女，1902 年生于西宁，青年时冲破未婚女子不能外出的封建礼教，大胆闯关，与胞妹韩树兰到甘肃兰州女子师范学堂读书，毕业后又赴北京师范大学攻读。后回青海任西宁女子师范学校教员，为开创青海女子教育事业作出了贡献。

**宁克诚**（？ ~1928 年），字赞丞，贵德河阴城东人，清末秀才。为人正直清廉，关注民生。民国年间，曾为民请命，反对军阀豪强鱼肉百姓，遭受官府迫害后哭祭城隍，悲愤而死。张荫西先生曾吟诗祭奠，给予高度评价。

宁克诚先生生前用过的书桌

（坐者为其嫡长孙宁国栋）

## 追挽启蒙师宁赞丞先生并序

（近代）张荫西

民国十七年，以吾邑势豪劣绅鱼肉乡民，威福由己。师偕刘希古等为民请命，欲剔除积弊，而为跋扈军官所抑，师愤悲莫泄，当众痛哭于城隍庙大殿，愤痛之极，立致中风偏废之症，迄于身故。

吾忆宁夫子，心酸意倍伤。
华年常恻恻，苍老更怆怆。
四载勤提耳，一生悲动肠。
师门今寂寞，不忍过东庄。

**贾华邦**（1872~1932年），字玉珊，原籍化隆甘都，青年时代在贵德经商，开设“积福玉”商号，兼营农业。贾华邦为人慷慨好义，胆略过人。民国十八年（1929年）任商会会长时，马仲英反抗国民军失败，于农历腊月廿八日率部取道贵德卷木、梅家西逃，因当地藏族狙击，马残杀男女93人，焚毁寺院，抢劫财物，县城居民闻风逃散。马仲英怒气未消，有进城报复之心。贾华邦同绅商等集会商议，为避免

书院幽径

地方群众遭其涂炭，他敢担风险，带领绅商牵马携物，迎马仲英部于南海殿。马遂下令进城后不得杀人抢物，扰乱居民，违者枪毙。到县城后，马仲英虽节外生枝，捆绑县长黄文濬，劫掠县署财物，但贵德群众幸免了一场灾难。

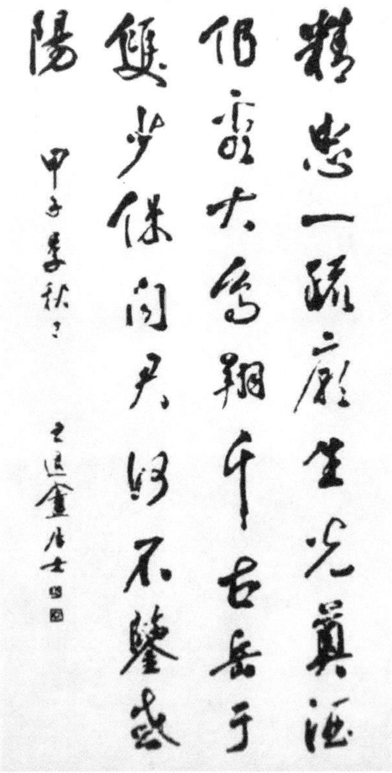
赵廷选遗墨

**赵廷选**（1855~1938 年），字万卿，贵德河阴镇城北人，清末贡生，童年入学读书，记忆力惊人，塾师赞其是赵家“千里驹”。成年后，博览群书，学识渊博，书法技艺日臻，擅长“赵孟烦”体，尤工行书，常书中堂条幅，民间多有珍藏，在书法界有较高的声誉。其后，任县教谕，倡导学风，不畏道路之遥，奔波于乡间学校。民国十三年（1924 年）任文庙奉祀官。民国十九年（1930 年），县长姚钧创修《贵德县志》，请其协助采访编辑，搜集史书资料，历时三月完成《贵德县志稿》四册，记载了部分原始资料，对研究地方历史不无补益。经他抄写的《贵德县志稿》四册，现存于甘肃省图书馆历史文献部。

**张培元**（1894 ~ 1937 年），字子亨，贵德河阴镇城东人，甘肃师范学校毕业，后入甘肃军事教导团学习。毕业后任下级军官，在维护新疆地方秩序中发展壮大，调任为伊犁镇守使。1933 年 8 月，国民党中央任命刘文龙、盛世才、张培元为新疆省政府委员，刘任主席，盛世才任督办，张培元任伊犁屯垦使兼新编第八师师长。1933 年 10 月，张与马仲英取得联系，相约消灭盛世才，失利后自杀，是贵德籍著名的乱世将才。

**朱生瑞**（1890~1967 年），字辑五，贵德县河东乡周家村人。毕业于甘肃师范学校，曾任宁夏蒙回学校教员。解放后以民主人士选为贵德县第一、二、六届人民代表大会代表和海南藏族自治州一、二届人民政府委员。1954 年担任青海文史研究馆馆员，先后撰写的多篇有关贵德文史资料被《青海文史资料选辑》登载，1962 年撰写《贵德县志续稿》（未出版），文革中蒙难，1980 年中共贵德县委为其平

朱生瑞先生遗像及部分遗物

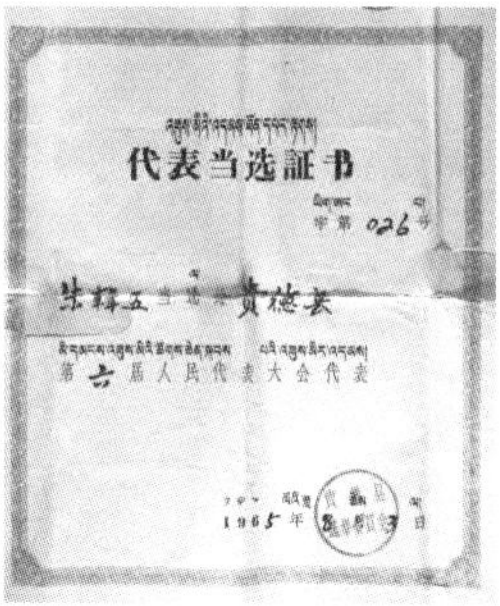
代表当选証书
字第 026 号
朱辑五 当选为 贵德县
第六届人民代表大会代表
1965 年 月 日

當選證書
第陸拾弍號
朱輯五當選爲貴德縣一區三鄉人民代表大會代表
此證
貴德一區三鄉選舉委員會主席 王學海
一九五三年 月 七 日

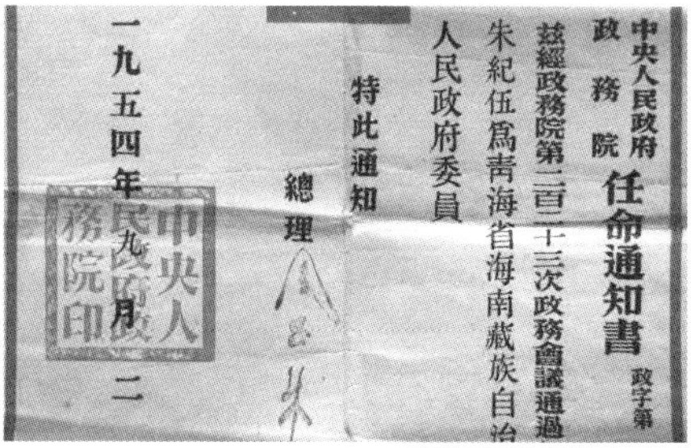
中央人民政府政務院任命通知書 政字第
茲經政務院第二百二十三次政務會議通過
朱紀伍爲青海省海南藏族自治
人民政府委員
特此通知
總理
一九五四年九月二

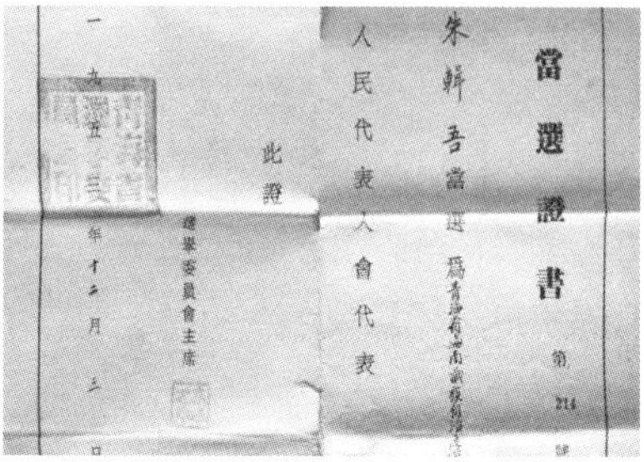
當選證書 第 號
朱輯吾當選爲
人民代表大會代表
此證
選舉委員會主席

反昭雪，恢复名誉。

**吴世瑾**，字品瑜，青海省湟源县人，甘肃省立第一中学毕业，民国二十七年（1938年）至民国三十年（1941年）任贵德县长。在任期间，吴世瑾重视教育，移风易俗，倡导种树，疏导水利、兴建交通，做了许多实事，颇有德政，为当地群众交口称颂。吴世瑾办事认真，不畏权势，对种地不纳粮，做买卖不交税的马元海等高级军官亦坚持照章征粮征税，因此，受到贵德人民爱戴。

吴世瑾遗墨

**姚　钧**，甘肃天水市人，清末庠生，毕业于上海龙门师范专科学校。曾任甘肃山丹县县长、甘边宁海镇守使署教育科长、省府民政厅长，1929至1930年任贵德县长。姚钧在任期间，时值青海建省，马仲英率乱兵过境不久，全县经济凋敝，满目疮痍。姚钧采用“政减刑轻，轻税惠民”之策，在任两年，地方得以休养生息。贵德历史悠久，建置较早，但无方志记载，姚钧在任时聘请赵万卿（清末贡生）查阅档案，摘抄《西宁府新志》《甘肃新通志》中有关贵德史料记载，一面亲自巡视全境，览山川形势，搜求风土人情，撰写《贵德县志稿》，对研究贵德地方历史具有重要参考价值。解放后，姚钧受聘为省文史馆馆员，1968年病逝于西宁。

**张治铭**（1906~1988 年），字荫西，贵德县古城关人氏。幼入庠序，拜晚清秀才宁赞丞为师，系统攻读传统儒学。时逢科举废止，新学初创，先生无缘功名，成年后只能在贵德、西宁等地任教。30 岁以后，曾任大通、同仁、化隆、贵德等县衙文书，在文史、诗词、书画、音乐及中医学等领域均有所造诣。解放后回归家乡，先后在县城西街和南街开设中医诊所，后并入县卫生院。“文革”期间，因“历史问题”举家迁徙至东沟等地，兼职“赤脚医生”。1976 年后重返县城行医为业。1982 年正式平反退休。1988 年 5 月 28 日病故，享年 83 岁。

张荫西先生终生信守传统伦理，以仁孝清廉闻名乡里。无论任教从政，行医务农，皆以惜贫怜苦，悬壶济世为立人之本。每遇贫寒病人求诊，必免费诊治，并予资助，故而深受民众爱戴。先生涉猎广泛，尤以深厚的诗学功力享誉河湟。

张荫西纪念馆外景

张荫西纪念馆内景

其诗风质朴沧桑，多以人伦亲情，民生疾苦为吟诵题材。残余诗作千余首曾于1986年和2005年两度结集出版为《荫西诗选》，在青海文坛引发关注。80年代初创立“河阴文学社”并任名誉社长。先生诞辰百年之际，青海江河源文化研究会与贵德县人民政府联合举办专题文化研讨会，并结集出版《张荫西诗词论文集》《荫西墨宝》等学术专著，以示纪念。先生在文史界也留下众多文献，其撰写的《马仲英过境后善后记略》《我对贵德秦剧团的回忆》等入选地方文史丛书。

张荫西先生历经三朝，命运多舛，是贵德乃至全省近代文化史上典型的宿儒遗老，是贵德地区众多文化精英中的代表人物。

## 吊张荫西

（现代）紫　云

孔门不弃柴门寒，今世何如来世安。
敬畏中庸心若水，恪守忠孝质如兰。
悬壶难救膏肓苦，敲骨犹存肝胆篇。
莫叹风雅久不传，一声新韵到黄泉。

贵德县“河阴文学社”成立于1983年。当时，在县委县政府的支持下，由当地文学爱好者轩锡明、李茂云、刘水、王卫华、胡跃岗、张顺祥、张菱、杨原才、

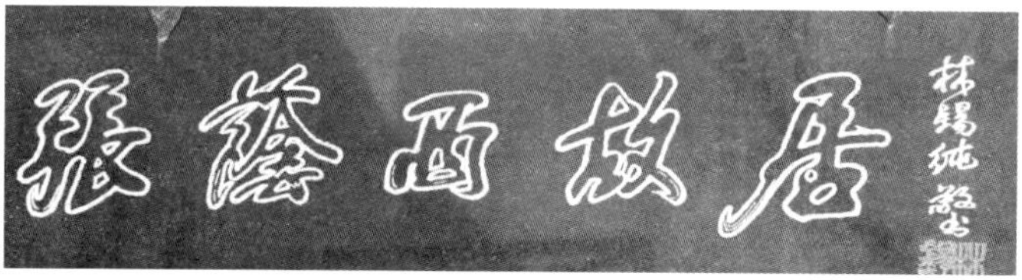

张萌西纪念馆与河阴文学社

祝林生等十几人发起成立，特聘贵德籍著名乡土诗人张荫西先生任名誉社长，刘水任社长。“河阴文学社”是改革开放初期青海地区最早成立的文学团体，为贵德地区的文化复兴作出了不可磨灭的贡献，也在青海当代文学史上留下了浓墨重彩的一笔。在文学刚刚复苏的80年代初，“河阴文学社”团结和带领一批青年走上了创作之路，为繁荣贵德文学起到了引领作用。1984年起，青海日

玉皇阁俯瞰

报“江河源”副刊连续多年给“河阴文学社”开辟专版，连续刊登“河阴文学社”会员的文学作品。这是青海日报社首次给予一个县级文学团体的殊荣，此举在省内文化界产生了轰动，贵德的人文声誉由此得到提升。

“河阴文学社”开展文学创作活动已延续了十几年，成员也不断增加，王文泸、胡世兴、沈世杰、罗子云、王文中等一批贵德籍作家也先后加入到“河阴文学社”，并且创作了一大批有贵德地域特色的文学作品。这些心系“河阴文学社”的老中青三代作家，不但成为当今《贵德》杂志不可替代的创作队伍，也是彰显贵德人文气息，烘托贵德各类文化活动的重要人才资源。

贵德籍学者胡世兴先生著有《贵德古今人物传略》，对古往今来，造福于贵德的高僧大德和文人学子作了全方位的传述。对历史上有争议的人物也作了合乎事实的记载，此著作可称得上是了解贵德人文脉络的百科全书。

# 福运金轮映河源

坐落在贵德境内黄河南岸的『中华福运轮』是黄河上游地区众多奇异景观中最为亮丽璀璨的明珠。『中华福运轮』以金碧辉煌的气势与庄严肃穆的氛围，激荡着芸芸众生的灵魂，吟诵着黄河母亲慈祥的祝福，传承着『黄河清，中华兴』的千古真理。

中华福运轮广场

黄河上游地区，众多的自然风貌和人文景观各具特色，相映成趣。坐落在贵德境内黄河南岸的“中华福运轮”，是黄河上游地区众多奇异景观中最为亮丽璀璨的明珠。“中华福运轮”以金碧辉煌的气势与庄严肃穆的氛围，激荡着芸芸众生的灵魂，吟诵着黄河母亲慈祥的祝福，传承着“黄河清，中华兴”的千古真理。“中华福运轮”与两岸的丹霞地貌、镇水宝塔等景观遥相呼应，各显灵性，以卓尔不群的雄姿和博大精深的人文内涵，营造出黄河源头最为壮观，最为赏心悦目的神秘景观。

“中华福运轮”以其独特的构建理念和人文内涵被世界吉尼斯纪录委员会认证为世界上最大的、唯一采用黄河水作动力的藏式转经轮。数十位高僧大德参加了开光仪式，原中国佛教协会会长一诚法师题写了“中华福运轮”匾额。

“中华福运轮”经筒高27米，直径10米，总重量247吨，体量之大是世界上绝无仅有的。经筒里面装有两百部《甘珠尔》经，每转动一圈就等同于念诵《甘珠尔》经两百遍，念诵六字真言三十亿次的功能，得以加持六道众生。

中华福运轮

这里的3D多媒体成像厅，用先进的影视成像技术来展示藏传佛教文化。黄财神是主管财富的神灵，会与人互动，帮助人们摆脱生活的困境，充盈财富。药师佛全称“消灾延寿药师佛”。信众们虔诚默念“南无（音：那摩）消灾延寿药师佛”顶礼膜拜的时候，药师佛将为信众解除病痛，赐给健康，延年益寿。

在展厅正中央设计有360度的环形投影柱，敬奉的是佛祖释迦牟尼及其座下四大弟子——地藏王菩萨、观世音菩萨、文殊菩萨和普贤菩萨。

这里的三维立体南海观音菩萨影像会诵经并用柳枝洒下甘露，福泽众生。三维幻影成像技术营造清晰的空间感和立体感，给人以身临其境的感觉。

藏族是由古代的吐蕃族发展而来，藏传佛教的历史十分久远。早在南北朝时，鲜卑族就由信奉萨满教改信佛教。吐谷浑统治时期，许多高僧西行取经时往返经过其领地，受其影响，吐谷浑王族和属地的羌人也相继皈依了佛教。唐代，

藏文化馆内景

吐蕃在其统治区内大力弘法，藏传佛教日趋成熟。元明时期，蒙古民族也最终归依了藏传佛教，从此，藏传佛教在雪域高原形成燎原之势。清朝推行政教合一的基本国策，藏传佛教几乎成为所有草原民族信奉的宗教。贵德位于藏传佛教形成的前沿区域，曾见证和传承了藏传佛教的弘扬与壮大。

与“中华福运轮”珠联璧合的贵德藏文化博物馆，以其丰富精美的馆藏文物和文化内涵驰名安多地区。全方位展示了藏文化的丰富多彩，入馆游人无不对藏民族的历史和文化钦佩至极，受益匪浅。

纵观历史长河，藏传佛教在长期的发展过程中，博采众长，兼收并蓄，形成了自己丰富多彩的民族宗教文化。每一座藏传佛教寺院，都是一座丰富多彩的艺术宝库。藏族的书法、绘画、雕塑、建筑、医学等领域都具有极高的科学、艺术水平。

藏族生活场景

藏族民众善于发现美和创造美，他们不但勤劳勇敢，善良质朴，而且善于美化自己的家园。进入贵德藏文化博物馆，你随时随地都能感受到功能多样，装饰精美的生活艺术品，其华贵精美无不令人叹为观止。

“中华福运轮”建筑群，以弘扬黄河文化，展示雪域民族风情，祈祷中华民族繁荣昌盛、和谐安康为主旨，充分结合现代化的高科技多媒体功能，为各族民众营造了一个别具一格的民族文化教育基地和方便中外游人领略雪域文化、感悟宗教哲理的神秘境界。

# 明清古城话沧桑

贵德是一片充满了诗情画意的仙境，也是古代边塞诗人们凭吊咏怀的风花雪月之地。特殊的地理位置，使得贵德自古以来就是兵家必争之地，所以，也就留下了众多的古城和边关遗址。

贵德古城西北角

贵德是一片充满了诗情画意的仙境，也是古代边塞诗人们凭吊咏怀的风花雪月之地。特殊的地理位置，使得贵德自古以来就是兵家必争之地，所以，也就留下了众多的古城和边关遗址。

**贵德古城怀古**

（近代）张荫西

玉皇阁上白云游，百里风烟一望收。

七百年来今尚在，沧桑阅尽几春秋。

贵德玉皇阁建筑群正门

贵德古城始建于明洪武七年（1374 年），至洪武十三（1380 年）年竣工。历时七年建成后，即迁移河州军民 48 户，围城而居，屯田守城，成为当时明王朝在黄河上游的军事重镇，贵德河西镇的古边墙遗址也是同一时期的军事要塞。六百多年的风雨沧桑，让河源古城失去了往日的雄姿，但那些残垣断壁至今依旧保持着守望的姿态，向人们讲述着昔日金戈铁马的岁月。虽然历经战火，民生维艰，但纵观古今历史风云，和谐相处，安居乐业，始终是各族人民共同的心愿，也是千年黄河文明历史演变的主流。

贵德古城内，以玉皇阁为标志，以文庙、关岳庙、城隍庙、大佛寺等明清建筑构成的古代建筑群，规模宏大，布局精巧。同时，这里的古代建筑群摈弃门户之见，集儒、释、道为一体，并存相依，是青藏高原罕见的一大人文景观。

如今，这里已成为各族民众祭祀朝拜和休闲娱乐的场所。

古城内的标志性建筑玉皇阁，始建于明万历二十年（1592年）。历经多次修建，气势雄伟的玉皇阁已成为青藏高原璀璨的古文化明珠，已被列为国家级文物保护单位。其雕梁画栋，斗拱飞檐充分展示出中国古代精湛的建筑艺术成就。登阁楼之上纵目远眺，三河景观，尽收眼底，故有“仙阁插云”之说，名列贵德古八景之首。

玉皇阁建筑群一角

## 贵德玉皇阁赋

（现代）沈世杰

西羌边邑，河阴旧镇。远来昆仑余脉，枕三山而舒惬；东去浩涛起流，浴一河而润滋。碧天澄澈，无纤尘而似鉴；净地坦荡，布茸芊而如茵。小城雄踞，历览岁月更替；高殿兀立，见证风云沧桑。山川邈远，登重楼而纵目；菽麦葱郁，临危阁而怡情！拾阶攀磴，眼界渐上渐开阔；逐层登梯，胸襟愈来愈通舒！碧水如带，绕城垣而容与；远山似眉，凝烟霞而朦胧。翠柳嘉桃，时飞牧笛阵阵；碧苗淡李，忽传山曲飘飘。街闾纵横，商铺列而人如蚁；车马往来，市声喧而音若蚊。

秀山佳水，天造高原胜地；红杏白梨，地没江南遗风。画栋雕梁，频历险乎荒乱；红砖青瓦，沐春雨于盛年。修葺整旧如旧，风范还似旧貌；经营维新焕新，姿态复呈新颜。艳阳高照，清嘉碧树碎金耀；烟雨低迷，含露繁花幽香飞。

三春尽处花期降，佳节临时嘉宾来。赏心悦目，惟有此景；醒神清心，全倚斯楼！未饮美酒，闻花香而心醉；才尝新韭，得村蔬而齿香。

美名扬兮梨花艳，佳声播兮“黄河清”！旧友新朋，来兹胜境；妇幼翁姥，趁此良辰。洗烦尘惟在此时，悦性情就是今日！子曰：“有朋自远方来，不亦乐乎！”

除贵德古城外，贵德地区还遗存有大量的古代小型城堡。它们众星捧月一般散落在贵德古城周围。如今，这些城堡大多已湮灭在历史的尘埃之中，但以城堡命名的村落名却保留了下来。贵德籍文史学者窦建德先生，经多年实地考证后著有《贵德古城堡》留存于世，成为研究贵德地区军屯文化的珍贵资料。除此之外，贵德籍著名古建筑专家张君奇先生，曾出版过以《青海古建筑图论》为代表的诸多论著，对青海地区众多具有代表性的古代建筑群进行过专业的论述，是了解青海地区古建筑特色的百科全书。

## 毕家寺城堡

毕家寺城堡位于河阴镇大史家村之南。城堡呈正方形，东西宽 80 米，南北长 90 米，设南门，围墙基本完好，墙基厚 3 米，墙头宽 0.5 米。据考证，城堡系元代宁河县古城遗址。《西宁府新志》记载：“宁河县古城，在所（指贵德守御千户所）南，元属河州路，明洪武三年废，六年复，十二年复废。”从地理方位讲正好与该城吻合。明洪武十三年（1380 年）贵德城竣工后，毕家寺城堡一度为必里卫中千户所驻地。顺治八年（1651 年）利用废址建立“毕家寺”，亦称“庆善寺”，藏语称“毕家扎仓”或“贡德吉哇”。门前有牌楼、校场。民间传说“先有毕家堡，后有贵德城”。

先有毕家寺后有贵德城

## 尕让城堡

尕让城堡位于尕让乡下尕让村河滩西的台地上，黄土筑成，呈长方形，南北长 288 米，东西长 140 米。城垣倒塌严重，但轮廓清楚。底部宽 10 米，顶部宽 5 米，残墙高约 7 米，城东南部处于砂石崖上，气势雄伟。夯土层为 0.09~0.12 米。城墙东南角和西北角有门的痕迹。经考证，城始建于汉代，拟为“归义城”。东汉永元十五年（103 年）金城长史上官鸿在黄河北开置归义、建威两城，屯田二十七部。《通鉴》载：“河北、逢留大河之北也，归义城本汉所筑，以招徕（来）诸羌之归义者。”上述地理位置基本与今尕让古城位置相符。今尕让地区的藏族群众称尕让为“尕义”，疑是归义的转音。

尕让城堡

亦扎石古城

## 亦扎石城

亦扎石城位于尕让乡亦扎石村中心。城呈正方形，边长117米，原有瓮城。1958年后拆除，现仅存城墙西北角一部分，墙基厚4.6米，顶宽2.4米，夯土层0.12米。《西宁府新志》记载："亦扎石城，新建。去府治（西宁）一百六十里，乾隆三年（1738年）以地控诸番，南通贵德，议请设守备一员，马步兵一百名，筑城一座，设南北二门。周回长一百六十丈，高二丈二尺，根宽一丈八尺，顶宽九尺。委西宁县知县靳梦麟，巡督西宁县典史裴涛监工。始于乾隆四年（1739年）四月十五日，迄五年（1740年）四月廿七日。"

## 千户城

千户城位于尕让乡千户村中心。城呈长方形，黄土筑成。《西宁府新志》记载："千户庄城，新建。去府治（西宁）一百二十里。乾隆三年（1738 年），经西宁道佥事杨应琚以地系防番要口，议请设把总一员，马步兵四十名。筑城一座，设东门一，周回长一百丈，高二丈二尺，根宽一丈三尺，顶宽七尺。委西宁县知县靳梦麟，巡督府儒学训导成京监理。迄于乾隆四年（1739 年）四月二十五日兴工，至五年（1740 年）九月十五日告竣。"

## 黑　城

黑城位于河西乡当车却毛寺东一公里的河滩边。"黑城"为藏语"夸乃亥"的译称。黄土筑成，分内外城，保存较好。城呈正方形，边长 140 米。四角筑有碉堡，碉堡墙厚 0.5 米，高 5 米，相隔 1.4 米为一孔。孔中现存圆木。西南角

黑　城

藏盖城

已毁坏，现存西北角。墙高 9 米，底宽 8 米，顶宽 4.8 米，夯土层厚 0.12 米。西有城门。外城墙厚 1 米，距内城墙 8 米。出土文物有铁犁、板瓦、石杵、铜锛等。

## 藏盖城

藏盖城位于新街乡藏盖村西北。距县城西南约 50 公里。城原址略呈三角形，墙基轮廓略能看清痕迹，黄土筑成。南北长 800 米，东西宽 300 米，墙基厚 12 米，残高 3 米，夯土层为 0.2 米。城址出土文物有兵器、盔甲、铁犁、灰陶片、灰板瓦、灰筒瓦、瓦片纺轮等。据考证为唐代建筑。现列为省级文物保护单位。

## 刘屯寨

刘屯寨位于河西乡下刘屯村，南 50 米处为宁果公路，寨墙东侧为通往上刘屯马路。寨墙破坏严重，仅存西、南部分墙基，残高 5 米，墙基厚 4 米，夯土层为 0.1 米~0.2 米。寨呈长方形，东西宽为 100 米，南北长 150 米。南墙开有两门，此寨为明初刘屯先民迁到此地屯田时所建。

## 瓦家城

瓦家城亦称瓦家堡，位于河西乡瓦家村一社中部。黄土筑成，呈长方形，南北长 90 米，东西宽 60 米，墙高 7 米，墙基厚 3 米，墙顶宽 2 米。东墙中有一洞式门，宽 4.5 米，高 3.5 米。建筑年代无考，清朝中期还有军队驻此。瓦家城为一古文化遗址，出土文物有灰陶片等。

## 加卡堂城

加卡堂城位于东沟乡梅加村北侧，亦称梅加堡，城墙较完好，黄土筑成，东南角墙已倒塌。墙高 8 米，墙基厚 3 米，墙顶厚 1.5 米，夯土层为 0.1 米。呈长方形，东西宽 60 米，南北长 100 米。开南门，宽 5 米。其修筑年代无考。清时有军队驻此。

郭密千户庄园

## 郭密千户庄园

郭密千户部落是个历史非常悠久的藏族部落。明清时期，今海南州境内黄河以北的曲什安河、恰不恰河、浪麻河、罗汉堂河及尕让河流域，号称郭密地区。原辖 18 个百户部落，又分为上、中、下郭密部落。郭密千户庄园众多，最有名的是第十任总千户闹日的庄园，修建于 1939 年至 1941 年间，保存较为完整。1998 年被青海省人民政府列为省级重点文物保护单位。

留存于世的贵德各代印符和碑石，印证了贵德地区源远流长的历史变迁，是弥足珍贵的历史文物。

## 金牌信符

信符铜铸镏金，长方形，长 22.5 厘米，宽 8 厘米，厚 0.8 厘米，重 870 克。正面铸正楷“信符”二字，背面铸蒙文，分上、左、右三行，每行四字，共十二字。上行：“皇帝圣旨”；左行：“合当差发”；右行：“不信者斩”，侧边骑缝处铸有“拾伍号”字样。明朝朱元璋为了巩固边防，保证军马来源，制定“以茶易马”的政策。洪武三十年( 1397 年 )，特制金牌信符，分别颁发洮州、西宁等卫和少数民族部落，作为茶马交易的官方凭证。金牌一符两件，在符侧骑缝处编号，上号之一件存内府为契，

下号之一件颁给地方，以防诈伪。当时共制金牌信符 41 面，其中颁发河州必里卫 29 族 21 面，纳马 7505 匹。每三年派官验符一次，合符者以茶易马，由河州和碉门两个通道运茶 50 余万斤，易马 13800 匹。贵德发现的这面拾伍号下号信

符，就是颁发给必里卫藏族 29 族的 21 面金牌中的一面。

## 必里卫千户所铜印

此印红铜铸造，正方形，直纽，通高 11 厘米，长宽各 7.8 厘米，印厚 2 厘米，重 1600 克。篆书朱文“必里卫中千户所之印”九字，印背右面刻“必里卫中千户所之印”正楷小字一行，左面刻“礼部造永乐四年三月日”正楷小字两行，印侧边刻“规字九十二号”小字一行。明永乐元年（1403 年）改必里千户所为必里卫千户所，千户所分左，中、右部。这枚铜印就是明永乐四年（1406 年）礼部颁发给必里卫中千户所的官印。

## 题归德创建玉皇阁万寿观碑记

碑存放于玉皇阁山门内西侧，高 1.65 米，宽 0.82 米，厚 0.1 8 米，成碑于明万历二十年（1592 年）秋月，由河州卫世袭指挥同知任归德游击前授诰封怀远将军长略撰书。记述创修玉皇阁之始末。

## 重建河阴书院碑记

碑存于河阴小学教学大楼前花园内。高 1.1

米，宽为 2 米，厚 0.11 米。碑由甘肃西宁府贵德厅同知缪庭槐、西宁府贵德厅照磨黄南金、西宁镇属贵德营中军千总赵联科，于清咸丰八年（1858 年）仲秋月（农历八月），复照道光五年书院匾铭刻碑于河阴书院。

## 复修玉皇阁碑记

碑存放于玉皇阁山门内东侧，高 1.39 米，宽 0.75 米，厚 0.1 米。成碑于清道光十七年（1837 年），由署参将史臣、游府马进禄叩立。碑文主要记述复修玉皇阁概况。

## 学宫碑记

碑存放于玉皇阁过厅内，高 1.43 米，宽 0.55 米，厚 0.1 米。成碑于清光绪三年（1877 年）春，由道御甘肃补用知府署贵德同知甘时化撰书勒石。记述贵德修建学宫，振兴文化的概况。

## 光绪十八年重修书院碑记

碑存放于河阴小学院内。高 1.2 米，宽 0.62 米，厚 0.12 米。成碑于光绪十八年（1892 年）十二月廿日，由特授贵德抚番同知欧阳乐清谨并述。记述河阴书院于同治年间兵乱中焚毁后复修始末。

## 青海省政府主席筹资贵德教育基金德政碑记

碑原存放于县图书馆，后迁立于玉皇阁过厅外东侧。高 0.95 米，宽 0.87 米，厚 0.2 米。成碑于中华民国二十七年（1938 年）仲秋上浣（即上旬），由代理贵德县长吴世瑾撰书。

古城特写

## 中华民国抗战阵亡将士及死难同胞纪念碑序

此碑在原“德兴海”旧址出土，现存放玉皇阁过亭内。碑高 1.14 米，宽 0.55 米，厚 0.12 米，共 3 块。成碑于中华民国三十二年（1943 年）元月十日，由代理县长田生兰撰书。以纪念我国抗日战争胜利，悼念抗日阵亡将士及死难同胞。

# 观音佑护吉祥地

何处是方壶仙都？请看那昆仑远支，西倾分干，蜿蜒东来，恰如翔落健鹘，敛翼倦游。四顾叠嶂拱伏，山峡峨嵯，黄河围带，封域承盘，皓岭凝玉，虹桥卧波，梨英眩缟，桃浪泛红，庶几瀛寰之奇观，差称世外之丹邱。

南海殿山门

当慕名而来的游客，欢畅地穿越海拔3200多米的拉脊山隧道进入贵德境内后，一方绿洲犹如一泓清泉扑入眼帘，洗去一路的风尘，滋润干渴的心田，一个生机勃勃的贵德令人眼前一亮，怦然心动。在万顷碧水丹山之中、在百里苍松翠柏之上，闪烁着祥和之光的南海观音金色轮廓，就会清晰地闪现在南山之巅，这就是迄今为止青海乃至西北地区最大的露天观音塑像。

兴起于明清时期的南海殿景区，历来是三教九流云集之地，在贵德古八景中有“南海溪声”的美誉。千古风云际会，在这里留下了太多的传说与梦想。

在这里，无数的仁人志士曾把盏临风，指点江山；无数的善男信女曾拜遍释、儒、道阴阳两界的圣灵尊容，祈祷人寿年丰，家国安宁。

南海殿景区山门西侧是道教三清观，供奉玉清元始天尊、上清灵宝大尊、太清道德天尊三位道教界最高尊神。南海三清观最早由人称“铁瓦道人”的魏道人始建于明代末年。南海三清观与玉皇阁万寿观南北呼应，各显灵性，共同营造了浓郁的道教文化氛围，是贵德地区最为著名的道教胜地。

三清观

当游客们进入贵德南海殿景区拾阶而上，依次朝拜欣赏过了列于山路两旁的牌坊、月牙池、山门、观音殿及《贵德名胜南海殿长联》等人文景观后，就可以近距离观赏这尊高达 30 米的露天观音像了。通体镀金的南海观音塑像，慈眉善目，远眺灵山秀水；手持宝瓶柳枝，洒下滋润甘露。雄浑庄重的金刚座四壁上装饰着68幅浮雕，分别象征了观音菩萨36桩救苦救难的故事。慈悲为怀的观世音菩萨，是华夏各民族最为敬重的圣贤之一，观世音菩萨的踪迹和善行遍布大江南北，五湖四海。

贵德一域，道教文化氛围浓厚，人与自然和谐相处。传统儒家思想影响深远，自古至今人文蔚然。据民间传说，明代开国皇帝朱元璋的首辅谋士刘伯温，奉圣旨斩断各地龙脉，以

南海殿观音像

南海观音殿

绝后患，而贵德断脉之处，是唯一有迹可循的地方。因刘伯温是浙江青田县人，由此“青田断脉”的典故，流传至今。清代，这里建起了众多庙宇楼观，成为著名的“南海胜景”。民国年间，吴世璜任贵德知县时，曾发动民众，填土续脉，修建文峰阁，以期待贵德地区人文兴盛，一时传为美谈。近代以来，这里成为贵德龙脉文化的发祥地。南海殿每年举办三大庙会，即农历正月初八的社火祭庙会；六月初三的朝山会和九月初九的登高会，届时，人脉兴旺，盛况空前，现已成为贵德地区展示民俗文化的重要场合。

## 贵德名胜南海殿长联

（近代）张荫西

何处是方壶仙都？请看那昆仑远支，西倾分干，蜿蜒东来，恰如翔落健鹘，敛翼倦游。四顾叠嶂拱伏，山峡峨嵯，黄河围带，封域承盘，皓岭凝玉，虹桥卧波，梨英眩缟，桃浪泛红，庶几瀛寰之奇观，差称世外之丹邱。至若柳荫千村，麦秀万顷，桑麻蓊郁，园庐交错，袅袅青烟，濛濛细雨，好个膏沃芊野，武陵奥源。假逢芳朝朗日，约知友良朋，骋目遣怀，追霞涉峻，溪谷俄尔钟情，岚氛乃能陶醉。

南海殿景物

俯仰留连，恋恋曷已。恍犹六合冲鹤，天际真人，不亦快乎。闻囊者青田断脉、邓将列坟、凭历传齐语，遗痕尚存。思得明珠，端须探骊，剖蕴核实，尤待后贤。更旁侧顾盼，左控涧而右控溪，汹涌澎湃，两两争先，恰似双龙夹驰，投入浩浩大渎，钜非异欤。孰知孤城半残，宝塔绝影，良深惋惜，呜呼，芳草夕阳，兴词宗之品题，名区殊迹，博骚客之豪吟，管教玄圃眉飞，阆苑色舞。

此间即南海圣境。试瞰兹翠微丘隅，灵岩峦头，蹲踞北向，居然独占雄鳌，昂首休止。一望琳宇玲珑，宫阙壮丽，碧汉卷云，周原指掌，古木巢鸦，鉴池涵月，流韵鸣琴，霓根漱石，堪夸遐荒之幽墟，咸推河阴之胜地。每常灯照九华，香薰八垓，炉篆缥缈，霭絪缊，溶溶爽气，冷冷高风，美哉清净道场，维摩丈室。为值穀旦嘉辰，见善男信女，摩肩接踵，焚炷献花，盂盆皆因有愿，秋水毕竟无尘。遐迩供养，碌碌莫辞。所于三清上真，莲邦佛子，盍亦诚也。想当初大士呈姿，纯阳肃像，慨十年劫灰，旧贯安在。待完全璧，暂缓窥豹，踵事增华，还仗群力。且前后视瞻，离崇殿而坎崇阁，岧峣轩昂，遥遥相对，譬诸二曜互映，默会悠悠长空，洵可怪焉。只冀景星速见，蕊珠重光，允洽升平，噫喜，高梧祥兆，招凤麟之瑞琮，暮鼓晨钟，警林薄之鸟梦，勿谓普陀山邈，紫竹径深。

南海殿景区

# 七彩丹霞映天河

丹霞地貌，意境奇焉。或扶摇千尺，凛然苍穹，铮铮哉如佛指擎天；或神态各异，栩栩如生，款款然似佳人顾盼；或绵延百里，雄峙山野，威威乎同瑞兽盘桓。登高远眺，赏不尽碧水丹山，相映成趣；置身其境，看不够霞光斑斓，雁影缠绵。

碧水丹山

当翻越过拉脊山脉进入贵德境内时，首先让人感到震撼的便是这五彩缤纷的丹霞地貌。贵德县处于祁连山和昆仑山系之间，属黄土高原与青藏高原的过渡镶嵌地带。境内海拔四千米以上的拉脊山、野牛山及扎马日根山等著名山峰，是第四纪冰川运动的杰作，而这奇异的丹霞地貌，就是拉脊山脉孕育的自然奇观。2010年被国家命名为“贵德国家地质公园”的七彩丹霞峰丛地貌景区，彼邻以“千姿湖”为中心的“黄河清湿地公园”，距离省会西宁60公里，地处青南、海西之要冲，是天造地设的地质演变大观园。

贵德国家地质公园面积 100 多平方公里，从位于千佛大峡谷的山门入园，可依次畅游阿什贡园区、黄河河谷园区和麻吾峡园区这三大景区。“横看成岭侧成峰，远近高低各不同”，每个景区内景色各异，或如佛陀静坐，或如神兽远眺，栩栩如生，鬼斧神工。女娲峡、通天峡、问天峡、七色土等世所罕见的地质遗迹奇观，珠联璧合，错落有致，营造出可与美国科罗拉多大峡谷国家公园媲美的七彩峰丛丹霞奇观。

贵德境内千姿百态的丹霞地貌，奇峰林立，形态各异，以险、奇、秀、美、幽而称绝。丹霞地貌与清清黄河相拥相依，造就了黄河上游秀美多姿，独具特色的碧水丹霞景观，大自然的鬼斧神工无不让人叹为观止。

湿地公园

黄河清湿地公园，北依丹霞奇峰，南临黄河碧波，水域宽阔，生物众多。每当客临其间，雁鸣芦岸，渔歌互闻，无不沉浸在江南水乡般的温馨与柔美之中。

## 贵德丹霞赋

（现代）紫　云

巍巍昆仑，余脉东去，造就虎踞龙盘之胜地；浩浩江河，涛声西来，蕴涵钟灵毓秀之家园。君不见承风岭南，峰回路转；天河北岸，丹霞欲燃。君不闻羌笛汉箦，古韵新声；天赐佳地，人文蔚然。东望积石巍峨雄关，西接羌海苍茫云烟；南临九曲碧水波澜，北依天山赤色莽原。南海胜境，北川丹崖，隔黄河而雄峙，映梨花而卓然。

尚闻远古洪荒，西海孤悬；昆起西北，河走东南；劈峡夺关，丹崖存焉。或曰女娲，炼石补天；万丛烈焰，陨落此间。经阴阳之砺炼，聚日月之精华；感自然之慷慨，遂古今之善缘。佛崖显灵瑞兮，皈依于古海桑田；天工无凿痕兮，造化乎天地之间。

经风雨以涵神韵，历沧桑方显峥嵘。丹霞地貌，意境奇焉。或扶摇千尺，凛然苍穹，铮铮哉如佛指擎天；或神态各异，栩栩如生，款款然似佳人顾盼；或绵延百里，雄峙山野，威威乎同瑞兽盘桓。登高远眺，赏不尽碧水丹山，相映成趣；置身其境，看不够霞光斑斓，雁影缠绵。

美哉！心随羌雁兮雪峰寒，神归丹霞兮云崖暖；春秋轮回兮等闲看，风花雪月兮润苍颜。善哉！敬畏圣明兮心自安，崇尚自然兮天地宽；把酒临风兮云水动，抚古寓今兮心已远。妙哉！人间仙境，世外桃源；物竞天择，道法自然。以虔诚之祈盼，纳祥瑞之心愿；以谦恭之胸怀，寓和谐之理念。仁者爱山，智者乐水。淡泊以明志，宁静以致远。闲情逸致兮在此间，任尔逍遥兮自往还；返璞归真兮尚思辨，凭君把盏兮共婵娟。

贵德国家地质公园内景

贵德七彩丹霞峰丛地貌景区，目前是国家级地质公园、国家 AAAA 级旅游景区、国家级文化产业示范基地、国家级服务业标准化试点单位、国家文化和自然遗产保护地。是环青海湖旅游圈和黄河峡谷旅游圈中的精品旅游目的地。土脉绵延根在地，人缘千古情为源。在这里，你可以想象女娲“以石补天、抟土造人”的创世神话，你可以领略人类后土文化的博大内涵。

# 梨花堆雪送暗香

当春意迟来的青海高原大部分地方还处在积雪初融，乍暖还寒的时节时，地处黄河南岸的贵德早已是柳绿桃红、麦苗青葱了。当桃李樱杏争相开放，一展艳姿后，如玉膏凝脂般洁白素雅的梨花便从容地舒展身姿，惹得四方游客纷至沓来，争相一睹『阳春白雪』的风韵。

吉祥梨花　（郑 清　摄）

贵德境内四季如春，气候宜人，春则百卉争艳，梨花堆雪；夏则绿茵盈野，凉爽宜人；秋则果实累累，麦浪飘香；冬则炊烟袅袅，笙歌互闻。当春意迟来的青海高原大部分地方还处在积雪初融，乍暖还寒的时节时，地处黄河南岸的贵德早已是柳绿桃红、麦苗青葱了。当桃李樱杏争相开放，一展艳姿后，如玉膏凝脂般洁白素雅的梨花便从容地舒展身姿，惹得四方游客纷至沓来，争相一睹“阳春白雪”的风韵。

**小重山·回贵德故居**

（现代）王文明

推门沙枣芳香浓，入院玫瑰红，花枝沉。芍药歪斜残落粉。昨夜雨，润物却无情。　　凋零瓣犹嫩，躬身轻捡拾，留余韵。晨起敝帚扫香径，闻布谷，声声访故人。

江南梨乡休闲之地

贵德瓜果栽植历史，可谓久远。自明初从河州移民至此屯田戍边起，便开始从内地引种梨、杏等果树。至清初，贵德瓜果便已蜚声高原，名冠西北了。

据清康熙年间《河州志》记载："贵德州地方，多水田，花果蔬禾，鸟兽鱼畜不异中华。"尤其是"长把梨"（又称甜梨）和"软儿梨"，果柄长，形似葫芦；个大皮薄，汁多味甜，堪称梨中精品。这种梨食法有点怪异：采摘后贮藏于阴室， 自然冷冻越冬后，呈紫褐色。食前泡在凉水中使其慢慢解冻，然后剥皮吞食或隔皮吸吮果汁。其味香甜怡人，如饮蜜汁，且有解热止咳之功效。

贵德李杏

贵德梨树虽屡遭厄运，但至今仍有为数不少的明清时代的大梨树存世。这些梨树虽大多已腹腔空洞，形态奇骇，但坚韧的外皮仍支撑着庞大的树冠，其勃勃生机不减当年。六百多年的春秋炎凉，造就了梨树坚韧不拔的品质和素雅高洁的风范。据统计，三河地区果园面积中梨树占七成左右，梨园面积达 1.78 万亩，零星梨树 1.8 万多株，树龄百年以上的梨树随处可见。

贵德长把梨

赴梨乡踏青春游的最佳时节当数阳春三月，届时梨花翠柳，分外幽丽；碧水楼台，相映成趣，将"河阴八景"衬托得犹如异域仙境一般。置身梨园，或

梨花节盛况

品花赏景，探幽觅奇；或对酒当歌，漫上几首“少年”，每每让人心花怒放，思绪怡然。若再到城外四郊，畅游一番，平时繁忙的工作和紧张的生活带来的烦恼都会沉淀过滤在碧水青山之中，都市的喧嚣杂念也将随之烟消云散。

### 春　游

（近代）张荫西

梨花似雪柳如烟，莺转燕啼杂管弦。

已到桃源绝胜处，何须再去问渔船。

贵德县充分利用黄河南岸气候适宜，无污染，水质优良，林木茂盛，环境优美的优势，推出了贵德梨花节，把贵德作为西宁延伸链，构建起了自己独特的集度假、疗养、避暑、娱乐为一体的文化旅游业。“清澈黄河漾碧波，烂漫梨花绽芳容。”每年的梨花节都吸引着许多海内外游客前来赏花踏青，来自四面八方的游人和当地群众一起感受着高原春天的旖旎风光，呼吸着高原春天的第一缕花香。县城内呈现出少有的繁华和热闹，慕名前来的游人和身着节日盛装的当地群众一起观赏书画、奇石、梨花，在高原浓郁的春意中，感受着浓郁的文化气息。著名书法家杨再春写道：“世上风光梨都美，天下黄河贵德清。”也有青海诗人这样赞叹：“香风百里梨花雨，莫道高原不江南。”有学者曾这样概括贵德的文化旅游资源：贵德以四月梨花为媒，传“梨都”之情；以清清黄河为媒，扬贵德之名；以中西文化为媒，显丰厚文化底蕴；以名人雅士为媒，树高原“梨都”之形；以地域风貌为媒，传贵德山水之奇；以民族文化为媒，展高原民族风情；以贵德绝美的、得天独厚的自然生态环境，展示“天下黄河贵德清”的秀美风光，呈现丹霞地貌的绮丽景观。用洁白素雅的梨花和清澈舒缓的黄河

梨　花

水映衬“四月芳菲梨花香”的迷人景致。贵德乡村游方兴未艾，农家院星罗棋布，温馨宜人，是游人重温农家氛围，享受田园生活的好去处。当地农家将以高规格、高品位而又不失自然淳朴的理念笑迎八方来客。

当代贵德籍作家张顺祥曾在《梨花赞》中这样描述梨花的高洁与素雅：

贵德梨花特写

带着高原宏厚博大的微笑，带着天地间的精华与灵气，将远古的醇清凝聚成无声的堆雪，摈弃世俗与阿谀奉承，毅然银装素裹，展示出坦荡磊落的情怀。

梨花，没有牡丹的富贵娇艳，没有梅花的傲气和挺拔，更缺乏康乃馨的玲珑剔透，却在磅礴逶迤的黄河涛声上，似纤夫不朽的汗花，訇然萦绕在林木葱郁，阡陌纵横，农庄密布，炊烟袅袅的梦境中。面对百花灿烂的春阳，梨花自有质朴平凡的高雅，不乏清香四溢的幽静，不失风姿婀娜、丰腴硕实的韵美。梨花，树干粗壮、虬枝如铁，错落交叉，树冠巨大，遮天蔽日，冬遮寒风、夏遮凉。粗糙的树皮，似锉如錾，诉说着风风雨雨的磨砺和锤打，盛开的花朵，如雪似玉，让人想起昆仑山脉茫茫无际的白色世界；让人想起雪莲花那丰硕饱满的动人笑靥，以及抗御风霜、抵御雪雨的高风亮节，令人钦佩之极。

梨花，不为昙花一现而懊悔，不为缺乏十里飘香的魅力而叹息，却把甘甜无比的果实奉献给世人，让金秋十月的赞叹和回味无穷的思绪飞越昨天的苦涩，飞越今日的振奋，超越明天辉煌的崛起，那沉甸甸的醇香留给人们，让生活多一份情趣，多一种美妙，让凝重的庄廓小院多了几许浓妆淡沫的色彩，使房檐上激荡的一簇纯白绿叶，如高扬的片片白帆，载着庄廓人家如泣如歌的诉说，载着一代又一代黄河人的喜怒哀乐和不懈追求，年复一年，不图回报，不求索取，默默为这方高天厚土春送洁白秋送果，似高原上耸立的一道亮丽景色，日伴长天夜伴星，不畏寒天稳如钟。这就是梨花独有的秉性，没有羞花闭月、沉鱼落雁的娇美，带着返璞归真、悠然

贵德梨花

自得的神韵，展示生命不朽的光彩，为高原塑造着力与柔、美与真、纯与清的世界。梨花，百年千年如一日，悄然与嵯峨高耸的仙阁，飞檐斗拱的楼台，凝重如山的古城融为一体。

啊，梨花，高原儿女的骄傲和自豪。有了梨花，河滨翠珠锦上添花，黄河春涨惊心动魄，长虹卧波豪情滔滔，虎台揽春沃土崛起。梨花，一首永恒的颂词，一曲无言的颂歌！

## 贵德梨花赋

（现代）紫　云

南国柳绵，西陲春晚。胡天桃月，雪涌关山。君不见群芳摇落于尘埃，梨枝独萱于河关。莫徘徊，且把盏，临三江兮品波澜，邀五洲兮赏玉苑。

轻薄桃花，随波流年。妖娆牡丹，唯恋宫苑。秋菊无傲霜之骨，冬梅有欺雪之嫌。莫如梨花，远尘嚣而纳素雅之风范，洗铅华而呈高洁之容颜。不羡倚醉含娇之顾盼，无须绿肥红瘦之爱怜。不争倾国名花之宠幸，何屑市井风尘之俗艳。风虽狂兮枝不扬，品既雅兮花自芳。冷艳压雪兮暗香动，铁骨傲寒兮玉龙蟠。尤喜阳春雨后，日影斑斓。梨花垂露，何其美嫣。或芳心初萌，含苞欲放，亭亭哉如春闺待妆；或秋波摇曳，风姿窈窕，灼灼然如美妇卸簪。步幽径兮蝶扑面，描玉脂兮且洗砚。抚素琴兮云水动，仰高枝兮心已远。若值夜深人静，把盏梨苑。风轻云淡，笙歌酣然。月明花暗，幽梦缠绵。经冬之雪兮何未消，月中桂落兮玉斧寒。梦梨仙兮动芳念，思佳人兮夜不眠。尽雅韵兮意难尽，穷丹青兮难渲染。美哉！皎皎乎瑰玉之温润，瑞雪之酥软；澹澹然君子之谦恭，雅士之卓然。

光阴荏苒，莫怨岁寒。闻杜鹃兮由悲欢，遇故人兮共婵娟。掬落英兮且挥毫，扫俗颜兮振云冠。玉为肌骨兮雪为神，明月清风兮自往还。傲天地兮气轩昂，抱坚贞兮心若禅。妙哉！梅妻鹤子，千古美谈。今赋梨兮，莫如吾愿。

# 古今八景今何在

贵德境域以黄河春涨、沸泉冬暖、东山烟雨、南海溪声、素古积雪、仙阁插云、龙池灵湫、羊峡古碑古八景闻名遐迩，更以众多的唐宋庙宇，明清楼阁等古代建筑遗址令人神往。星移斗转，随着时代变迁，贵德古八景也被赋予新的内涵，贵德新八景也应运而生。

黄河春涨

贵德境域以黄河春涨、沸泉冬暖、东山烟雨、南海溪声、素古积雪、仙阁插云、龙池灵湫、羊峡古碑古八景闻名遐迩，更以众多的唐宋庙宇，明清楼阁等古代建筑遗址令人神往。

## 黄河春涨

此景是写贵德黄河景色。春末夏初，上游冰雪融化，黄河暴涨，水势汹涌，气象极为壮观。春暖花开之季，岸上绿树成荫，佛塔高耸，春风吹拂，是人们踏青野炊的好去处。

**沸泉冬暖**

指贵德河西镇扎仓温泉，俗称热水沟。该地双峰夹峙，沟底石隙中沸水涌出，伴有节奏分明的喷吐声，温度高达93℃。该地早在唐代就是“公主沐浴”之地，至今已有1000多年历史。千百年来它以其奇特疗效吸引省内外众多患者慕名前来洗浴和疗养。

**东山烟雨**

指贵德县东山“胜保扎”，此处石崖峥嵘，松林茂密，野雉麋兔出没其间，山花异卉点缀清泉怪石，山谷常被烟雾笼罩，分外幽丽。天气晴朗时，雾像一条黛色的带子，缠绕山间。每逢山雨欲来，云遮雾罩，烟雨缥缈，奇峰秀松隐约其间，似人间仙界。

**南海溪声**

指贵德城南南海殿景区，此处山如龙行，山前有南海观音菩萨殿，三清宫、道观、王母宫，山顶有文峰阁。牌坊佛塔掩映于垂柳松柏之间，殿宇宫墙错落于溪流山岩之中，山腰小桥横斜，溪水潺潺，古木参天，浓荫蔽日，每值吉日良辰，游人如织。

**素古积雪**

此景是指贵德新街扎木日根山的雪景。其山主峰海拔5011米，山上积雪终年不化，山麓遍布苍松翠柏，岩羊、雪豹、零鸡、麝鹿等珍稀野生动物出没其间，是探险登山的理想境界。

## 仙阁插云

玉皇阁创于明万历年间，建造精美，气势雄伟，是贵德县雄镇一方的古代建筑杰作。周围又有文庙、关岳庙、大佛寺、隍庙陪衬，集释、儒、道为一体，形成一个规模恢宏的建筑群。每个庙宇建筑风格各异，工艺考究，彩画绚丽，其碑刻壁画为珍贵史料。

## 龙池灵湫

指贵德都秀龙王池，石山断裂形成天池，碧水清澈。青松山花倒映池内，

龙池灵湫

瀑布飞泉灌注其中。又有水库龙居之传说，旧时天旱，祭池取水，祈求甘霖，使龙王池的水影波光披上了神秘的光环。

## 羊峡古碑

相传旧时贵德县龙羊峡北岸石碑上刻有碑文，记载明代邓愈将军征西之战功。后人有“风剥雨蚀古残碑”之诗句。1987年考察未找到原碑，已成历史之谜。龙羊峡石岸千仞，惊涛澎湃，景致极为壮观。

### 河阴八景诗

（近代）张荫西

**南海溪声**

琳官梵宇自参差，一带苍烟衬晚霞。

空绝无碍清净地，潺潺溪水伴林鸦。

**东山烟雨**

岚翠晴空落夕晖，云起山头雨霏霏。

行人但看四山雾，东山戴帽鸟知归。

**玉阁插云**

玉皇阁上白云游，百里风烟一望收。

七百年来今尚在，沧桑阅尽几春秋。

**素古积雪**

南望素古插天遥，玉铺银装衬碧霄。

莫怪人间有酷暑，炎威难使此山消。

**沸泉冬温**

泉鸣水沸自年年，旸谷冬温别有天。

山是暖床泉是药，未教尘世有恫瘝。

玉皇阁建筑群

**黄河春涨**

河源冰雪待春消，九曲巨流泛狂潮。
枯木残枝盈水面，家家绳网省苏樵。

**龙池灵湫**

一池明镜夺天光，浓翠满山柏气香。
莫道搜神无可信，早年灵异拜龙王。

**龙羊古碑**

风剥雨侵古残碑，应是遥遥远代遗。
往古靖边多勒石，何人伟绩惜难知。

星移斗转，随着时代变迁，贵德古八景也被赋予新的内涵，贵德新八景也应运而生。

## 石峡飞瀑

指地处与世隔绝的松巴峡，这里风景奇丽，地势险峻，原先少有人知其真面目，近年来已成为贵德旅游新的亮点。在峡口，近百米宽的黄河水面 被铁钳般的石峡压成不足十米的急流，突然跌下深渊，翻卷惊涛奔涌，浪花飞珠溅玉，涛声如雷，势如万马奔腾。石峡南岸，刀砍斧劈般的悬崖岸上，稀疏挂着几十棵龙蛇盘踞似的怪松。峡谷北岸，堆积着无数巨石，大如楼房，小似牛羊，参差错落，危如累卵。

## 丹霞千佛

指阿什贡峡的风蚀山貌。地处黄河北岸，距县城 34 公里。阿什贡丹霞地貌群峰突起，山势峭拔，奇形怪状，绵延数十里，山色涂红抹紫，恰似晚霞。山形千姿百态，酷似古代宫殿、城堡、又似野兽静卧山冈。景随人移，呈现出不同的景观，真是千奇百怪，令人叫绝。

河滨翠珠

## 河滨翠珠

指河滨公园景色。公园位于黄河南岸的西河滩林中，距县城两公里，占地 500 多亩，园内建有人工湖、湖心亭、八角亭、拱桥、戏台、牌坊花圃等，公园万树成荫、泉水清澈、绿草如茵。每年农历“六月会”期间，各族群众自发聚集在这里，高歌“花儿”，射箭对弈，踏青野炊。近年来在河岸新修的黄河转经轮，精美绝伦，屡创中国纪录，足可名列河源名胜。

## 虎台揽春

指北山湾黄河北岸的虎台崖治黄工程瞭望台纪念碑亭。那里杨树参天、垂柳拂地，松柏常青，梨花芬芳。可居高临下俯瞰黄河两岸，将两岸美景尽收眼底，赏心悦目。

虎台揽春

## 梨花堆雪

贵德三河地区土壤肥沃，雨水充足，不但是青海小麦的高产区，而且盛产瓜果，仅桃、梨系列就达50多种，享有“梨乡”之美誉。登高远眺，只见三河一片林海，楼厦村落掩映在梨白梢红的绿树丛中。

## 长虹卧波

指黄河北山湾四公里长的人工长堤，宛如巨龙俯卧其间。实施治黄工程后，束窄的河床，似如彩带滚滚东去，河堤北岸原为老河床的沙洲，如今条田纵横，林网如织，鱼塘如镜，鸟语花香，麦浪袭人。可供人们踏青春游，亦可到堤岸携杆垂钓，领略高原“小江南”的山光水色，无不令人心旷神怡。

长虹卧波

## 遗珠献佛

指东距县城两公里处的珍珠寺，藏语称“觉觉拉康”。萨班贡噶坚赞途经青海时曾到贵德，以所受赠的一驮珍珠为资金建寺，故名珍珠寺，已有740多年的历史。寺内供三世佛巨型塑像，造型优美，宗教地位仅次于西藏拉萨的大昭寺。

## 文昌仙阁

指河西文昌庙，距今有600多年历史。大殿用玻璃瓦盖顶，在阳光的照映下，愈发显得流光溢彩和庄重。在文昌爷神像中装有十世班禅大师的密封经卷一份。其建筑结构精致、雕梁画栋、楼阁错落有致，典雅富丽、气势雄伟。文昌帝君主宰文运，所以此地是誉满八方，文人学子祈祷学业有成的圣地。

遗珠献佛

# 民俗文化显特色

贵德的节庆文化兼容了早先屯民戍卒带来的中原农耕文化和该地先民源远流长的高原游牧文化，因而形成了自己独特的文化特质和多彩的异域风情。另外，这里独特的地理环境及历史背景，铸就了其底蕴深厚而特色迥异的民俗文化，正日益吸引着国内外游客及学者们观光考察。

宗教舞蹈

民俗文化是地域文化和民族文化的集中体现，节庆习俗是地方民俗文化的窗口。贵德的节庆文化兼容了早先屯民戍卒带来的中原农耕文化和该地先民源远流长的高原游牧文化，因而形成了自己独特的文化特质和多彩的异域风情。另外，这里独特的地理环境及历史背景，铸就了其底蕴深厚而特色迥异的民俗文化，正日益吸引着国内外游客及学者们观光考察。

## 宗教舞蹈

流传于贵德地区，充满着古老神秘色彩的藏族宗教舞蹈“鹿舞”，与主要流传于青海同仁地区的“於菟”舞蹈有异曲同工之妙。传承发展于贵德河西镇下排村地区的藏族民间歌舞“尚尤则柔”，寓意深远，内涵丰富，具有很高的艺术品位和研究价值。羌姆，俗称“跳神”或“跳官经”，广泛流传于青藏地区，泛指驱鬼酬神，宣扬佛法天命，解说因果关系和表演佛经故事的宗教性舞蹈。目前，“鹿舞”和“尚尤则柔”已被列入国家级非物质文化遗产保护名录。

鹿　舞

尚尤则柔

龙祈云雨

## 春节与社火

社　火

明代传入贵德的汉族民间社火，将祭祀与娱乐融为一体，寓教于乐，雅俗共赏，深受广大民众的喜爱。在几百年的演变过程中，吐故纳新，不断创新，如今已成为包含歌舞、鼓乐、面具舞等多种表演的民间文化活动。逢年过节和各种喜庆活动中，传统的戏剧、社火、花灯、眉户（弦子戏）、皮影等地方曲艺，及少数民族歌舞等形式多样的民间文化活动，又为古城贵德增添了浓厚的文化氛围，也彰显出新时代安居乐业，国富民强的新气象。近年来，形式多样的自发群众性娱乐活动，已成为贵德文化广场上的一大景观。

## 田　社

汉族在“春分”前后要扫墓祭祖。以家庭或家族为单位齐上祖坟，背土添坟，祭扫祖坟。另有抢枣，滚馒头等讨吉纳祥的习俗，兼以传训族风家规，教育后人为人处世等仪礼，为一年中最隆重的祭祖仪式。

## 端阳节

即端午节。家家门顶插沙枣花、柳树枝和艾草。儿童佩饰香包并系五色丝线。食枣糕及包子等。

香　包

## 中秋节

俗称“八月十五”。其供品“月饼”颇具特色：面粉中加入姜黄、香豆、红花、红糖等，蒸熟后层层包裹，色彩缤纷，形如大盘，色香味美。月饼既是供品，又是赠送亲友的佳品。

月　饼

## 青苗会

也叫三月会，主要在周屯和王屯举行。周屯在农历三月二十六日，王屯在农历二十七日、二十八日举行。该活动是为了祈求风调雨顺、五谷丰登。传说这三天分别是二郎神，东岳大帝及黑池龙王的生诞。

## 四月八会

是每年农历四月初三至初八在王屯举行的庙会，又称“庄稼会”“报恩日”该会以祈求风调雨顺，驱恶除邪为主旨。主要仪式有：请神轿、敬香献供、劈大神、还愿、表演傩戏、送龙王归庙等。

## 沐浴节

农历六月六的滴水崖是贵德的沐浴节，其活动别具风情。滴水崖是位于河东乡黄河南岸的一处沙石崖头，隔河与虎头崖相望，崖下常年滴水不断，被誉为“神崖滴水”。民间传说六月六这天用崖水洗浴可祛瘟除病。

盛会靓姿

## “拉伊”盛会

“拉伊”盛会，在被赞誉为“贵德由来风光好，佳景荟萃西河滩”的地方进行。“拉伊”盛会原是从群众祈神活动的母胎上发展起来的。“拉伊”会举行之日，藏族青年男女，邀朋请友，结伴聚集，对唱赛歌。赛歌主要是比内容、比抒情、比声嗓、比

“拉伊”盛会

唱腔、比机敏、比即兴编唱之才。如今，“拉伊”会已在“文化搭台，经济唱戏”的大潮下，发展成为大型物资交流会。

**贵德竹枝词**

（近代）李焕章

遗风浑朴女当差，粉黛千秋被埋没。
边地无需天足会，红颜队里少弓鞋。

青蛾皓齿跨雕鞍，满背银墩亦壮观。
却怪炎云红日里，灿如白雪戴羔冠。

环城地狭牧难求，连日饥肠忍客牛。
直待束装归牧地，长林丰草任优游。

## 赛马会

赛马会是藏族传统的民间集体游艺活动。赛马会会期三五天不等。贵德藏族群众一般以村、社为单位举行赛马活动。贵德赛马会尤以东沟乡和河西当车地区规模较大。赛马主要是速度与骑术的竞技比赛。马匹精良，膘肥体壮，背负金鞍；赛手精悍，骑术娴熟，身着盛装。比赛开始，嘶鸣声与马蹄声，令枪声与呐喊声，声声激荡，此起彼落。此时的赛手“唯马首是瞻”，场面壮观而惊心动魄。比赛结束，盛会组织者及赛手亲友乡邻为获胜者举行奖励和披红挂彩的仪式。

## 腊八节

腊八节在贵德汉族中也是最古老的传统节日。腊八节的主要内容是供奉天帝，祭祀神灵，祭奠祖先，祭鬼禳灾等，后来又增加了赤豆打鬼和吃腊八粥（麦仁粥）的食俗。麦仁粥是用脱了皮的小麦和切成碎块的猪肉或羊肉，加上适用调料，经一夜微火熬煮，麦、肉、佐料交融成糜状，时值隆冬，便于贮藏，可以一直吃到年前，香味扑鼻，营养丰富。

如果说古代的趣闻轶事让贵德充满了神秘色彩的话，那么近年来特色鲜明，异彩纷呈的黄河文化艺术节和各类民族文化娱乐活动，又为这片富饶美丽的世外桃源，增添了无穷的魅力与灵动的气息。

四月的“青海贵德黄河文化旅游节”，以古老的黄河文明为纽带，让华夏儿女们沉醉在母亲河温馨的怀抱之中。六月的“国际水与生命主题音乐会”，

黄河旅游文化节

环青海湖国际公路自行车赛贵德赛段

以自然和谐的理念，赋予水与生命这两大主题以诗情画意般的人文情怀。七月的“环青海湖国际公路自行车赛”贵德段赛事，将中外健儿优美的身姿和对这片热土的眷恋，融入这湖光山色之中。八月的民间传统节日“六月丰登会”和物资交流会等活动，又给古老的民俗文化赋予了新时代鲜活的人文色彩和充满了朝气的文明气息。

贵德籍文史学者李士发先生，早年致力于地方文史研究，近年著作颇丰，其中的《贵德风情》，旁征博引，包罗万象，是了解贵德地方民俗风情的百科全书。

# 黄河奇石甲天下

黄河石的特点是石质坚硬、表面光滑、色彩丰富、线条分明。黄河石大的浑然天成，恰似雪域山丘；小的玲珑剔透，宛如掌上明珠。其色彩之斑斓奇异，纹理之寓意深远，无不令人浮想联翩，叹为观止。

黄河奇石苑

黄河是中华民族的母亲河，黄河不但养育了华夏民族，还给人类留下了无数珍宝，黄河奇石就是其中的珍品。黄河石的特点是石质坚硬、表面光滑、色彩丰富、线条分明。黄河石大的浑然天成，恰似雪域山丘；小的玲珑剔透，宛如掌上明珠。其色彩之斑斓奇异，纹理之寓意深远，无不令人浮想联翩，叹为观止。

黄河奇石苑内景

黄河奇石苑，是大自然赐予贵德的又一处钟灵毓秀之地。黄河奇石苑，占地 50 亩，耗资上亿元，历时十五年而建成。目前是国家 AAAA 级旅游景区，国家文化产业示范基地，是黄河流域最具规模的黄河奇石公园，也是青藏高原富有文化魅力的私家园林。

奇石苑里的石头都是原汁原味的自然石，都是大自然鬼斧神工的天然艺术品；也是人类还没有诞生之前，天地交融，阴阳互生，在地球之巅为人类撒下的最灿烂的物种；是自石器时代开始，黄河文明的星河中永恒闪烁着自然灵性的天地精华。身临其境，将被博大精深的黄河文化所震撼，也将为大自然的慷慨与无私所感动。

大象

动物世界

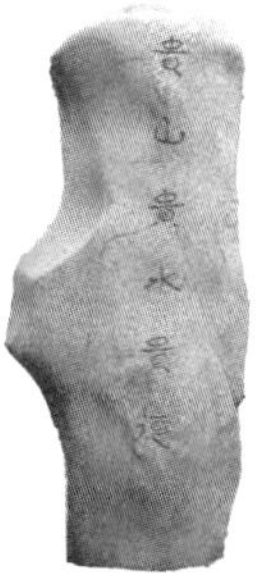


贵山贵水贵德

少女起舞

贵德因黄河而闻名，黄河因贵德而灵秀。近年来，各种特色鲜明，异彩纷呈的黄河文化艺术节，又为这片富饶美丽的世外桃源增添了无穷的魅力与灵动的气息。通过举办“青海·贵德黄河文化旅游节”“黄河冬泳极限挑战赛”“环青海湖国际公路自行车赛”“国际水与生命主题音乐会”“青海湖诗歌节”“西部星光中国电影推动力人物及影片揭晓典礼”“高原世界攀岩赛”“国际摄影节”等国际国内重大活动使贵德的知名度得到了进一步提升，旅游资源得到进一步的开发。

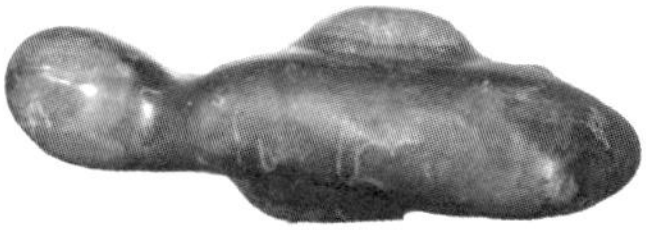

千年神龟

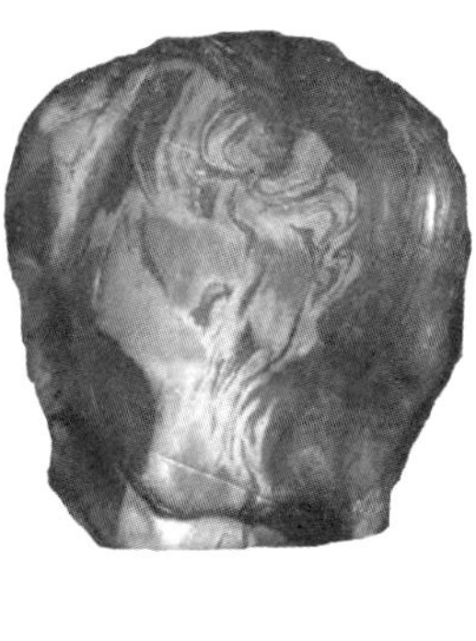

阿Q

古海桑田，时过境迁，旧貌皆换新颜。贵德境内，跨区省道穿境而过，交通网络纵横交错，黄河航道初具规模。食、住、购、娱等相关行业均衡发展，珍稀果品、特色美食、唐卡刺绣、黄河奇石等旅游产品琳琅满目，应有尽有。拉脊山隧道贯通后，贵德至西宁的车程仅需一个小时，不仅大大缩短了贵德与外界的距离，也拉近了贵德与游客的情感。随着基础设施的不断完善，贵德旅游业前景辉煌，令人期待。

“天下黄河贵德清”“高原江南”“高原梨都”“瓜果之乡”“中国夏都——西宁后花园”等众多美誉，使得贵德声名远播，成为大美青海最为瑰丽的一角。

文庙内文苑

2010年，贵德县被评为国家AAAA级旅游景区，同时被青海省委省政府确定为全省旅游综合开发示范区。依托优势，大力发展旅游业，促进经济社会的全面可持续发展，已成为贵德区域经济发展的主旋律。

朋友，这就是你梦中的香格里拉，江河源头天造地设的世外桃源。欢迎你，远方的朋友，欢迎你到贵德做客，让美酒与哈达，将我们美好的祝愿送到千家万户。让我们放飞激情，收获吉祥，共同徜徉在这充满了诗情画意的塞上江南——贵德。

# 纵观古今贵德 赋

河关故地，地悬塞外；势控九曲，气接河源。自人猿揖别，刀耕火种；黄河两岸，炊烟生焉。商周属羌戎地，西汉设河关县；后凉置浇河郡，北周筑廓州城；隋初治河津邑，盛唐屯积石军。

# 贵德赋

（现代）紫　云

河关故地，地悬塞外；势控九曲，气接河源。自人猿揖别，刀耕火种；黄河两岸，炊烟生焉。商周属羌戎地，西汉设河关县；后凉置浇河郡，北周筑廓州城；隋初治河津邑，盛唐屯积石军。此后战和交替，易帜频仍；或为公主沐浴苑，或为吐蕃牧马地。元末明初，始称归德；隶属河州，筑城屯田。自清伊始，改隶西宁府，始称贵德厅。近代贵德辖域，几经调整，始呈当今之格局。悠哉！千载云烟，古海变桑田；万年变幻，恍如一梦间。感天地之慷慨，集八方秀色于此间；念古今之沧桑，览河源风云于胸怀。

贵德佳域，形胜之地。四山环围，三水萦绕；二峡锁护，孤城独秀。东山烟雨难隐积石关之澎湃；南海胜境尽览小江南之浩繁；西岭积雪蕴涵古河曲之凛冽；北川丹崖脉承昆仑山之巍峨。龙池润湫，文昌励志；古柳拂市，神泉洗颜。尚忆黄流春涨，涛撼羊峡之古碑；犹叹仙阁插云，势压陇山之雄关。唐宋庙宇，穆若神明尊三教，潜化僧俗守人伦；明清边墙，势如龙蛇锁乱山，难禁春风到河源。

毓秀之地，民风淳朴。自骠骑挥鞭，壮候屯田，兴学劝桑，东风西渐。由边卫而郡县，自畜牧而桑田。唐蕃联姻，民仰芳名。邓愈安民，魂寄南岭。自清设庠序，儒学兴焉，父子同科，趣闻美谈。宁赞诚为民请命，哭祭城隍。贾华邦临危运筹，逢凶化吉。赵廷选学识渊博，功列史志。吴世瑾移风易俗，政显吏治。张荫西诗赋传家，悬壶济世……壮哉！三才并立，天地与人；十室之邑，必有忠信。贵德文脉，薪火相传，圣贤辈出，人文蔚然。

时值盛世，国泰民安。农牧共荣，旅游兴县。植树造林，绿化家园。围河造田，功莫大焉。水运通达东西，隧桥贯穿南北。古迹新景珠联，旧貌皆换新颜。阳春梨花节，中秋丰登会。河源多盛事，此处最和谐。纵目三河上下，欣观绿荫护道，纵横交错；漫步乡间田垄，尤喜生态美苑，星罗棋布。蝶喧花圃，唯恋郁金溢香，玫瑰炫彩；客临温舍，且品柚桃玲珑，草莓甘润。闲暇之余，或药浴温泉，养生滋颜，或垂钓苇岸，观鲤悟禅。妙哉！生态家园，绿色摇篮。生态农业以绿色扬名，优势产业以特色展颜。

城关古建，明清遗苑。棂星列贤，武圣镇关。城隍威仪，忠烈昭然。尤叹登阁远眺，神驰万里河关。“吟咏之间，吐纳珠玉之声；眉睫之前，卷舒风云之色。”文思飞扬，把盏以赋：惊蛰苗动兮，春分桃艳；清明梨白兮，谷雨柳绵。春夏之季，叹锦绣三川兮，阡陌珠联；大河两岸兮，葱郁溢鲜。丹霞碧波相映兮，涛声渔歌互闻。赏田间村姑荷锄动眸兮，品垄上“少年”婉转缠绵。四海游客，无不纵情于农家梨院，陶醉于花丛柳岸。美哉！纵观古今沧海之碧波云霞，不及河源明珠之清新亮丽；游遍吴越渔乡之小桥流水，何如塞上江南之灵动妩媚。天下黄河贵德清，西北梨都出河关。已到桃源绝胜处，何须再去问渔船。

## 参考文献

1.（清）杨应琚著．西宁府新志．青海人民出版社，1988
2. 西宁府续志编委会．西宁府续志．青海人民出版社，1985
3. 贵德县志编纂委员会．贵德县志．陕西人民出版社，1995
4. 蒲文成主编．甘青藏传佛教寺院．青海人民出版社，1990
5. 彭启胜主编．青海寺庙塔窟．青海人民出版社，1998
6. 董家平，王丽珍，安海民，方丽萍编著．三江源文化通论，2009
7. 崔永红，张得祖，杜常顺主编．青海通史．青海人民出版社，1999
8. 欧国华主编．青海公路交通史（第一册）．人民交通出版社，1989
9. 中国水利报社．中国江河．中国科学技术出版社，2000
10. 童永生，刘秉德主编．青海丝路．青海人民出版社，2004
11. 崔永红主编．文成公主与唐蕃古道．青海人民出版社，2007
12. 谢佐，格桑本，袁复堂编著．青海金石录．青海人民出版社，1993
13. 李智信著．青海古城考辨．西北大学出版社，1995
14. 窦建德著．贵德古城堡．内部资料，2005
15. 胡世兴．贵德古今人物传略．青海人民出版社，2010
16. 李士发．贵德风情．远方出版社，2010

照片协助拍摄：贵德县委宣传部

主要摄影者：罗子云　解世强　陈锡明　黄剑平　杨　熙　朱兆云　童世钰

# 后 记

贵德地区以其优越的地理位置、温润的气候条件、多彩的民族风情和丰富的文化资源雄峙于黄河九曲之地，以其卓尔不群的魅力，成为令人青睐有加的休闲旅游胜地。近年来，宣传贵德的文集和画册屡见不鲜，《贵德》杂志更是以其图文并茂，印制精美的风格畅行天下，令人耳目一新。

随着人们生活节奏的加快和阅读习惯的改变，快餐文化已经成为旅途中必不可少的佐料。如何让游客在最短的时间内，对贵德地区的旅游资源有一个宏观了解，是审时度势的必然选择。适逢青海人民出版社策划发行“快读青海”系列丛书，贵德县委宣传部等部门顺势而为，积极运作，多次组织采风，精心策划创作。经年有余，三易其稿，这本《尊道贵德·大河关》终于和读者们见面了。

本书以图文并茂为基本特色，力求凸显异彩纷呈的历史韵味和诗情画意的表述风格，将贵德充满灵性的一面呈现给读者。本书编撰过程中，贵德县委宣传部、文联、各大景点管理部门、众多贵德籍学者和文化名人后裔都曾给予大力支持。青海人民出版社的责任编辑精心编审，避免了许多谬误。贵德籍知名学者王文泸先生百忙之中，精心指导并欣然作序，为本文集增色不少。对上述单位和个人给予的支持和帮助，在此一并表示衷心的谢意！

鉴于编者水平有限，资料欠缺，本书瑕疵在所难免。敬请读者择善而阅，宽宏为怀。

2016 年 8 月